Hagen Helms
Annette Rehbock

Tips für neu- und wiedergewählte Betriebsratsmitglieder

Rechtliches Wissen und soziale Kompetenz

D1994191

AERO LLOYD

JUTTA MICHEL

Hagen Helms/Annette Rehbock

Tips
für neu- und wiedergewählte Betriebsratsmitglieder

Rechtliches Wissen und soziale Kompetenz

Bund-Verlag

Die Deutsche Bibliothek – CIP-Einheitsaufnahme

Helms, Hagen:
Tips für neu- und wiedergewählte Betriebsratsmitglieder : rechtliches Wissen und soziale Kompetenz / Hagen Helms/Annette Rehbock. – Frankfurt am Main : Bund-Verl., 1998
ISBN 3-7663-2842-5

© 1998 by Bund-Verlag GmbH, Frankfurt am Main
Herstellung: Inga Tomalla, Darmstadt
Umschlag: Angelika Richter, Hildesheim
Satz: Grafoline T·B·I·S GmbH, Leinfelden-Echterdingen
Druck: Wagner, Nördlingen
Printed in Germany 1998
ISBN 3-7663-2842-5

Alle Rechte vorbehalten,
insbesondere die des öffentlichen Vortrags,
der Rundfunksendung
und der Fernsehausstrahlung,
der fotomechanischen Wiedergabe,
auch einzelner Teile.

Vorwort

Rechtliches Wissen ist eine wesentliche Voraussetzung, um die Arbeit als Betriebsratsmitglied überhaupt leisten zu können. Wenn ich nicht weiß, auf welcher Grundlage ich mit dem Arbeitgeber verhandeln kann, wenn ich nicht weiß, wo ich nachschlagen könnte, wer mir helfen könnte, kann ich die Interessen meiner Wähler und Wählerinnen nicht angemessen vertreten, selbst wenn ich bemerke, daß die andere Seite, der Arbeitgeber, möglicherweise gar kein Hintergrundwissen besitzt. Dieses Buch will hier in handlicher Form den Einstieg in das Gestrüpp der Paragraphen erleichtern.

Rechtliches Wissen alleine reicht aber nicht. Es kommt auf die Umsetzung an. Ohne Umsetzung bleibt jedes Wissen theoretisch. Bezogen auf die Betriebsratsarbeit heißt dies: Durchsetzung in Verhandlungen und Austragen von Konflikten. Hierfür ist es wesentlich und notwendig, als Betriebsratsmitglied soziale Kompetenz zu zeigen. Soziale Kompetenz zeigt sich immer im Handeln, wenn ich mit anderen in Beziehung trete, wenn ich in einer Situation, in die ich gestellt werde, angemessen reagiere. Was in einer jeweiligen Situation angemessen ist, kann sehr unterschiedlich sein. Es läßt sich nicht vorhersagen. Ein ehrlicher Streit kann ebenso angemessen sein wie ein klärendes Gespräch, die Suche nach Kompromissen ebenso wie eine harte Konfliktlinie. Es gibt von daher nicht *die* Form der sozialen Kompetenz, sondern immer nur verschiedene Handlungsmöglichkeiten in verschiedenen Situationen. Aus diesem Grund werden in diesem Buch nicht Handlungsanleitungen, sondern Anregungen für die Betriebsratsarbeit gegeben, die in keinem Fall als Rezepte mißverstanden werden dürfen. Wir beschränken uns in diesem kleinen Buch auf die Aspekte sozialer Kompetenz, die uns für den Beginn der Betriebsratstätigkeit am wichtigsten erscheinen: die Klärung des Selbstverständnisses, Anregungen zur Gruppenbildung, den Umgang miteinander im Gremium sowie mit anderen im Betrieb Handelnden.

Wir wünschen Euch bei der Lektüre des Buches viel Vergnügen.

Inhaltsverzeichnis

Verzeichnis der Abbildungen

1. Wir sind gewählt – wie beginnen?

Wenn ich zum ersten Mal in den Betriebsrat gewählt wurde und auch vorher kein Ersatzmitglied war, so stellen sich einige Fragen: *Was bedeutet das Amt überhaupt, wo findet meine Arbeit statt, für wen arbeite ich, und mit wem muß ich zusammenarbeiten?* Dies sind Fragen zu den Rahmenbedingungen, die ich mir vor Augen führen muß, bevor die *Arbeit verteilt* wird und wir alle – ob »Neue« oder »Alte« – zusammenarbeiten werden. Diese Fragen werden für diejenigen, die jetzt nicht ihre erste Amtsperiode antreten, sicher nicht das gleiche Gewicht haben wie für diejenigen, die dieses Amt zum ersten Mal ausüben werden. Aber vielleicht ist ja auch in den folgenden Zeilen für die Wiedergewählten die eine oder andere Neuigkeit dabei, bis es im Abschnitt »Die Arbeit wird verteilt« wieder alle angeht.

Ich bin in den Betriebsrat gewählt – Was bedeutet dieses Amt?

Der Betriebsrat ist das Gremium, das Betriebsratsmitglied bin ich. Häufig gibt es hier Verwechslungen: Im Alltag wird von den Betriebsräten gesprochen und gemeint sind die Mitglieder eines Betriebsrats. »Ich bin Betriebsrat« sagt sich leichter als »Ich bin Betriebsratsmitglied«. Aber ich bin nicht der Betriebsrat, sondern nur ein Mitglied. Der Betriebsrat sind wir alle, die wir gewählt wurden. Die KollegInnen haben mich gewählt, vielleicht zum ersten Mal, vielleicht zum dritten oder schon zum vierten Mal. Auf jeden Fall muß ich mir darüber Gedanken machen, wie ich in den nächsten vier Jahren dieses Mandat ausfüllen will. Natürlich sind das nicht nur meine Gedanken, denn ich muß und will ja mit den anderen Betriebsratsmitgliedern zusammenarbeiten und Erfolg haben; mit denen, die möglicherweise auf einer anderen Liste kandidiert haben oder mit mir in anderer Weise um die Wählergunst gekämpft haben. (Der einköpfige Betriebsrat muß sich ähnliche Gedanken machen, aber er muß sich natürlich oft den Kopf alleine zerbrechen.) Ich muß mir darüber klar werden, in welchem Rahmen der Betriebsrat handelt, mit wem er umgeht und was er eigentlich für die nächsten Jahre erreichen will, das heißt, welche Interessen er vertritt und verfolgt. Dies wird ein Hauptproblem werden und muß immer wieder neu bedacht und definiert werden. Ich muß zudem sehen, wie sich diese Aufgabe, und es ist eine Aufgabe, in die übrigen Bereiche meines Lebens einordnet: Freunde, Familie, Beruf, Karriere, Hobbys, mögliche Aufgaben in gewerkschaftlichen, partei- und kommunalpolitischen Gremien.
Zuerst zum Rahmen

Wo findet meine Arbeit statt?

§§ 1–4 BetrVG Meine Arbeit findet im Betrieb statt. Dies ist die Plattform, auf der ich mich bewege. Von den hier tätigen KollegInnen bin ich gewählt worden. Dies ist mein Wahlkreis. Für diesen bin ich zuständig.

Der **Betrieb** ist »die organisatorische Einheit, innerhalb derer ein Arbeitgeber allein oder mit seinen ArbeitnehmerInnen mit Hilfe von technischen und immateriellen Mitteln bestimmte arbeitstechnische Zwecke fortgesetzt verfolgt, die sich nicht in der Befriedung von Eigenbedarf erschöpfen«. Ein einheitlicher Betrieb liegt insoweit immer vor, wenn die vorhandenen materiellen und immateriellen Betriebsmittel einheitlich gesteuert werden. Dies gilt dann, wenn mehrere Unternehmen (mit verschiedenen Namen) gemeinsam einen Betrieb führen. Das **Unternehmen** ist die organisatorische Einheit, mit der der Unternehmer seine wirtschaftlichen und ideellen Zwecke verfolgt. Das heißt, der Unternehmer und der Arbeitgeber sind dann identisch, wenn der Unternehmer nur einen Betrieb hat. Hat er mehrere Betriebe, so ist ein einheitlicher Rechtsträger für mehrere organisatorische Einheiten möglich. Dies bedeutet, daß die ArbeitnehmerInnen alle einen Arbeitsvertrag mit dem Unternehmer haben, üblicherweise aber in ihrem Betrieb einem Betriebsleiter gegenüberstehen können, der nicht gleichzeitig der Unternehmer ist, sondern ihn nur vertritt (Einzelunternehmer, BGB-Gesellschaft, Verein, Aktiengesellschaft, GmbH, GmbH & Co. KG, KG usw.).
Das Betriebsverfassungsgesetz versteht unter einem **Arbeitgeber** denjenigen, der für die mitbestimmungspflichtigen Angelegenheiten verantwortlich ist.

Der Begriff **Unternehmer** taucht im Betriebsverfassungsgesetz bei wirtschaftlichen Informationen (§ 111 und § 106) auf. Hier hat der Betriebsrat einen konkreten durchsetzbaren Rechtsanspruch auf Informationen gegenüber dem Unternehmer.
Sonst wird immer vom Arbeitgeber gesprochen.

Mit wem muß ich zusammenarbeiten?

Ich muß mit den Personen, die das Unternehmen vertreten (Geschäftsführer, Vorstände usw.), zusammenarbeiten bzw. mit deren Vertretern, die die mitbestimmungspflichtigen Entscheidungen für das Unternehmen zu vertreten haben. Dies können insbesondere bei verschiedenen Betrieben innerhalb eines Unternehmens der jeweilige Betriebsleiter und in seiner Vertretung der Personalchef sein. Die Entscheidung darüber, wer dem Betriebsrat von Arbeitgeberseite gegenübertritt, obliegt dem Arbeitgeber. Anders als der Betriebsrat hat der Arbeitgeber hier ein eigenes Aufgabenverteilungsrecht.

Abb. 1: Betrieb und Unternehmen

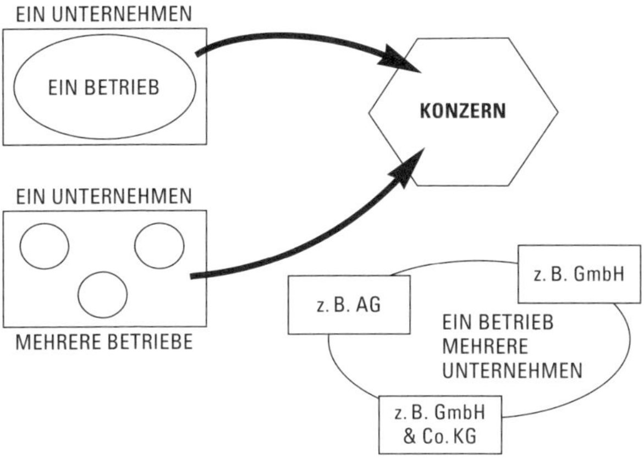

(Quelle: DGB Bildungswerk)

Für wen arbeite ich?

Ich arbeite im Betriebsrat für die ArbeitnehmerInnen des Betriebes, die mich zu ihrer Interessenvertretung gewählt haben und für die ArbeitnehmerInnen, die rechtlich in anderer Weise für den Arbeitgeber arbeiten, ohne daß sie ArbeitnehmerInnen im Sinne des Betriebsverfassungsgesetzes sind. **§ 5 BetrVG**

ArbeitnehmerInnen sind Angestellte, ArbeiterInnen und die zu ihrer Berufsausbildung Beschäftigten (die Auszubildenden). Die leitenden Angestellten sind ArbeitnehmerInnen, werden aber vom Betriebsrat nur in den Fällen vertreten, die im Gesetz ausdrücklich vorgesehen sind. **§ 5 Abs. 3 und 4 BetrVG**

Die Unterscheidung zwischen Arbeitern und Angestellten ist im Betriebsverfassungsgesetz von Bedeutung, da sie die Grundlage für den im Betriebsverfassungsgesetz benutzten Begriff der Gruppe abgibt. Wir werden an anderer Stelle noch auf weitere Definitionen von Gruppe stoßen. Die Einteilung nach dem Betriebsverfassungsgesetz erfolgt nach verschiedenartigen Tätigkeiten im Beruf, die jeweils dem Angestellten- oder Arbeiterstatus zugeordnet werden. Diese Tätigkeit kann sich während des Berufslebens und schon während einer Amtsperiode mehrfach verändern. Wer jedoch als Arbeiter gewählt worden ist, bleibt für die ganze Amtsperiode Arbeiter, der Angestellte für die gesamte Amtsperiode Angestellter. Die Gruppen – Angestellte und ArbeiterInnen (dazu gehören die in Heimarbeit beschäftigten ArbeitnehmerInnen) – bleiben, unabhängig davon, ob die Wahl als Mehrheits- oder Verhältniswahl durchgeführt wurde, somit als Gruppen erhalten. Sie müssen bei Besetzung von Aufgaben im Betriebsrat angemessen berücksichtigt werden. (Die in den Betrieben von Post und Bahn gewählten Beamten werden ebenfalls betriebsverfassungsrechtlich diesen Gruppen zugeordnet.)

§ 6 BetrVG Die ArbeitnehmerInnen können als Vollzeitkräfte, Teilzeitkräfte oder befristet beschäftigt sein. Es gibt darüber hinaus eine Vielzahl verschiedener Vertragsformen. Neben der Aufgliederung der Belegschaft nach Beschäftigungsverhältnissen müssen weitere Unterschiede beachtet werden: so gibt es verschiedene Belegschaftsgruppen wie z. B. AusländerInnen, Schwerbehinderte, Männer und Frauen. Die Belegschaft ist kein einheitlicher Block, sondern splittet sich auf in viele verschiedene Untergruppen mit natürlich unterschiedlichen Interessenschwerpunkten und Problemlagen. Mit der Reorganisation der Arbeit in den Unternehmen kommen weitere Funktionsträger hinzu, z. B. ProjektleiterInnen und GruppensprecherInnen, deren Interessen möglicherweise mit den Interessen des Betriebsrats kollidieren können. Für alle diese Gruppen habe ich Verantwortung. Neben dieser Verantwortung darf ich nicht vergessen, daß ArbeitnehmerInnen von Fremdfirmen, LeiharbeitnehmerInnen von Verleihfirmen oder ArbeitnehmerInnen anderer Betriebe meines Unternehmens oder meines Konzerns zeitweilig im Betrieb arbeiten, die betriebsverfassungsrechtlich zwar kein Wahlrecht hatten, die aber zu meinem Verantwortungsbereich gehören.

Ich betrete keine leere Fläche – die Geschichte des Betriebsrats

Bei meiner Arbeit muß mir klar sein, daß ich ein Teil des Betriebes bin und die Geschichte des Betriebsrates in der Regel mit mir nicht neu geschrieben wird. Im Laufe der Zeit hat sich eine bestimmte Form des Umganges zwischen Betriebsrat und Arbeitgeber entwickelt. So wird sich z. B. der Führungsstil in einem Betrieb oder Unternehmen auf das Verhältnis zwischen Arbeitgeber und Betriebsrat auswirken. In einem Familienbetrieb kann das Verhältnis zwischen Arbeitgeber und Betriebsrat sehr persönlich sein, bei allen Interessenunterschieden in der Sache. Wenn wir hier angemessen reagieren wollen, müssen wir uns dies klarmachen. Die wirtschaftliche Situation des Betriebs bzw. Unternehmens wird in diesem Verhältnis ebenfalls eine große Rolle spielen. Aber auch im Betriebsrat selbst haben sich bestimmte Arbeitsformen entwickelt, sowohl untereinander wie im Verhältnis zur Gewerkschaft und zu außerbetrieblichen Stellen. Auf jeden Fall können Vorentscheidungen über die Arbeitsweise und Aufgabenverteilung schon gefallen sein, bevor man sich überhaupt zur konstituierenden Sitzung getroffen hat. Für mich als Neuling stellt sich in einer solchen Situation natürlich die Frage, wie kann ich mich hier integrieren, meine Ideen einbringen, ohne als Rebell belächelt und an die Seite gedrängt zu werden. Je nachdem, wie viele »Neue« wir sind, wird dies entsprechendes Fingerspitzengefühl von beiden Seiten verlangen.

Die Arbeit wird verteilt

In unserer ersten Sitzung haben wir uns konstituiert. Zur konstituierenden Sitzung hat der Wahlvorstand eingeladen, und ein Wahlleiter ist gewählt worden. Es gibt keinen Wahlvorstand mehr, es gibt keinen alten Betriebsrat mehr. Es gibt nur noch uns ... Jetzt sind wir verantwortlich.

Die Verteilung der Arbeit im Betriebsrat bedeutet die Verteilung der Arbeit auf jeden einzelnen. Es ist zu beachten, daß die Gruppen einen Minderheitenschutz genießen und die verschiedenen Listen (falls vorhanden) Ansprüche auf Ausschußplätze erheben.

Bestimmte Regelungen des Betriebsverfassungsgesetzes gelten erst ab einer bestimmten ArbeitnehmerInnenzahl. Bevor es weitergeht, deshalb an dieser Stelle einige Zahlen, die für den Geltungsbereich des Betriebsverfassungsgesetzes und die Organisation der Arbeit wichtig sind:

Abb. 2: Regelungen des BetrVG und Betriebsgröße

Betriebsgröße	Geltungsbereich
> 21 wahlberechtigte ArbeitnehmerInnen	Regelungen für den Interessenausgleich und Sozialplan (§§ 111 – 113 BetrVG) und für personelle Einzelmaßnahmen (§§ 99 – 101 BetrVG)
> 100 ArbeitnehmerInnen	Wirtschaftsausschuß
> 300 ArbeitnehmerInnen	Ausschüsse/Freistellung

(Quelle: DGB Bildungswerk)

Das Amt des/der Betriebsratsvorsitzenden

Diese Funktion ist deshalb so wichtig, da der/die Vorsitzende bzw. der/die StellvertreterIn, falls der/die Vorsitzende verhindert ist, den Betriebsrat nach außen im Rahmen der gefaßten Beschlüsse vertritt. Betriebsratsvorsitzende/r und StellvertreterIn müssen gewählt werden. **§ 26 Abs. 1 BetrVG**

Für die Wahl des/der Vorsitzenden gibt es ein Vorschlagsrecht der Gruppen, wenn sie über ein Drittel der Betriebsratsmitglieder ver- **§ 26 Abs. 2 BetrVG** fügen. Wenn mehrere Listen vorhanden waren, geht es natürlich um Mehrheiten, das Gruppenprinzip des Betriebsverfassungsgesetzes selbst bleibt erhalten.

§ 26 Abs. 3 BetrVG Nach der Wahl handeln der Betriebsrat und somit der/die Vorsitzende und der/die StellvertreterIn nicht gruppenverantwortlich, sondern **gesamtverantwortlich** für Arbeiter und Angestellte.

Aufgaben des/der Vorsitzenden

Der Betriebsrat handelt nur durch Beschlüsse. Diese Beschlüsse vorzubereiten ist insbesondere Aufgabe des/der Betriebsratsvorsitzenden. Allein der/die Vorsitzende kann rechtswirksam Erklärungen entgegennehmen und sie für den Betriebsrat abgeben. Im Betriebsausschuß gilt das gleiche, weil der/die Vorsitzende dort automatisch Mitglied ist. Bei Schreiben des Arbeitgebers, mit denen eine Fristenwahrung verbunden ist, ist der Eingang beim Betriebsratsvorsitzenden und in größeren Betrieben im ordnungsgemäß besetzten Betriebsratsbüro entscheidend (Eingangsstempel). Es geht hier um Vorgänge, wo der Fristablauf einen Rechtsverlust bedeuten kann – z. B. Wahrung der Wochenfrist bei Anträgen auf Versetzungen oder Kündigungen. Bei Ausschüssen, die mit Aufgaben zur selbständigen Erledigung beauftragt sind, muß die Fristwahrung gesondert geregelt werden. Der Vorsitzende führt die laufenden Geschäfte des Betriebsrates – keine mitbestimmungspflichtigen Geschäfte – und hat die zentrale Aufgabe, den Betriebsrat zum Handeln zu bringen. Er hat alle Sitzungen des Betriebsrats vorzubereiten, dort sollen die notwendigen Beschlüsse gefaßt werden.

Vorbereitung von Sitzungen

Die Vorbereitung von Sitzungen umfaßt zwei Punkte: Einmal die ordnungsgemäße Ladung zu den Sitzungen, zum anderen die vorherige Strukturierung der Sitzungen. Die Strukturierung der Sitzung wird in der Tagesordnung sichtbar.

§ 26 Abs. 2 BetrVG Die Tagesordnung wird vom Vorsitzenden festgelegt. Er muß allerdings weitere Tagesordnungspunkte aufnehmen, wenn ein Viertel der Mitglieder des Betriebsrats oder der Arbeitgeber dies verlangen.

§ 29 Abs. 3 BetrVG Zu beachten ist hier das Gruppenprinzip: Schon zwei Arbeiter oder zwei Angestellte können einen solchen Antrag stellen, ohne eine qualifizierte Mehrheit zu haben.

Für mich als Betriebsratsvorsitzenden heißt Vorbereitung: Ich muß die Unterlagen für die Betriebsratsmitglieder so vorbereiten (oder vorbereiten lassen), daß sie aktiv und informiert an der Sitzung teilnehmen können. Und umgekehrt: Vorbereitung heißt für mich als Betriebsratsmitglied, daß ich dafür sorgen muß, die für die Sitzung notwendigen Unterlagen rechtzeitig zu erhalten, damit ich mich auf die Sitzung vorbereiten kann. Jedes Mitglied kann, soll und muß Zuarbeit leisten, aber: Das Zusammenführen der einzelnen Arbeiten und die Zuordnung zu den Tagesordnungspunkten ist Sache des/der Betriebsratsvorsitzenden und der anderen Verantwortlichen, z. B. der Ausschußmitglieder. **Tip**

Arbeitsaufträge
Einen großen Teil der inhaltlichen Vorbereitung muß der/die Vorsitzende selbst machen. Er/sie muß dafür sorgen, daß zu jedem Tagesordnungspunkt möglichst konkrete Unterlagen für alle Betriebsratsmitglieder bereitliegen, dazu können Gesprächsnotizen usw. gehören. Möglicherweise gehört die Mitteilung von rechtlichen Gesichtspunkten dazu, die er/sie vorab bei den entsprechenden Stellen (Gewerkschaften, Rechtsstellen, Anwälten usw.) eingeholt hat. Dort, wo es Fachausschüsse gibt (z. B. Personalausschuß), werden diese entsprechend Vorlagen anfertigen bzw. einzelne Betriebsratsmitglieder, die mit der Sache betraut wurden.

Die Sitzungen sind nicht öffentlich, sie finden grundsätzlich während der Arbeitszeit statt – es sei denn, daß dies aufgrund der besonderen Betriebsstruktur, z. B. bei Schichtbetrieb oder im Baugewerbe, nicht möglich ist. **§ 30 BetrVG**

Ladung zu den Sitzungen
Allein der/die Vorsitzende (im Falle seiner/ihrer Verhinderung der/die StellvertreterIn) lädt zu den Betriebsratssitzungen ein. **§ 29 Abs. 2 BetrVG**

Bei feststehenden Sitzungsterminen sind Einladung und Tagesordnungsfestsetzung erforderlich. **§ 29 Abs. 2 S. 3 BetrVG**

Die Jugend- und Auszubildendenvertretung sowie die Schwerbehindertenvertretung sind einzuladen. **§ 32 bzw. § 67 BetrVG**

Ein Sonderpunkt ist die Einladung von Gewerkschaftsvertretern. Auf Antrag eines Viertels der Mitglieder des Betriebsrats oder der Mehrheit einer Gruppe (der Arbeiter bzw. der Angestellten) kann ein Gewerkschaftsvertreter der im Betrieb vertretenen Gewerkschaft bzw. der Gewerkschaften beratend an den Sitzungen teilnehmen. **§ 31 BetrVG**

Eine Gewerkschaft gilt dann als im Betrieb vertreten, wenn sie zumindest über ein Mitglied verfügt.

Der Arbeitgebervertreter ist dann einzuladen, wenn er Sitzungen verlangt hat – diese Sitzungen werden vom Vorsitzenden anberaumt und geleitet – und natürlich dann, wenn der Betriebsrat selber will, daß er an Sitzungen teilnimmt. Seine Anwesenheit beschränkt sich in der Regel auf konkrete Tagesordnungspunkte. **§ 29 Abs. 4 BetrVG**

Verhinderung

§ 29 Abs. 5 BetrVG Verhinderung heißt, daß ich *wirklich* nicht zur Sitzung erscheinen kann. Die Verhinderungsgründe sind Krankheit, Urlaub, Dienstreise (wenn der Zielort es zu aufwendig machen würde, zur Sitzung in den Betrieb zurückzukehren). Grundsätzlich gilt: Ich bin für die Betriebsratsarbeit von der Arbeit zu befreien, so will es das Gesetz. Betriebsratsarbeit geht der betrieblichen Arbeit vor (s. hierzu § 37 Abs. 2 BetrVG).

Wenn ich oder andere Betriebsratsmitglieder an der Sitzung nicht teilnehmen können, muß jeweils das entsprechende Ersatzmitglied eingeladen werden. (Gleiches gilt für die Schwerbehinderten- und die Jugend- und Auszubildendenvertretung, § 29 Abs. 4 BetrVG.)

Ersatzmitglieder

§ 25 BetrVG Bei der Betriebsratswahl entscheiden Stimmenzahl (Persönlichkeitswahl) bzw. Listenplatz (Listenwahl) darüber, ob ich als Betriebsratsmitglied gewählt bin oder als Ersatzmitglied nur zeitweise ein anderes Betriebsratsmitglied vertrete bzw. in den Betriebsrat nachrücke, wenn ein oder mehrere Betriebsratsmitglieder ausscheiden. Die Frage ist nun, wann rücke ich denn nach bzw. wann bin ich als Ersatzmitglied im Betriebsrat gefragt?

Als Ersatzmitglied bin ich einmal Mitglied der Gruppe Arbeiter oder Angestellte und rücke dann nach, wenn der mit größerer Mehrheit direkt vor mir gewählte Kandidat verhindert ist. Wenn mehrere Listen vorhanden sind, die Kandidaten im Betriebsrat haben, dann wird das Ersatzmitglied zunächst aus deren Liste genommen. Wenn diese Liste erschöpft ist, muß das Ersatzmitglied entsprechend aus den anderen Listen genommen werden.

Es gilt der Grundsatz: »Der Angestellte rückt für den Angestellten, der Arbeiter rückt für den Arbeiter nach.« Es gilt die Reihenfolge: Erst muß der Gruppenvertreter aus der einen Liste genommen werden, danach der Gruppenvertreter, der als nächster »dran« ist. »Dran« ist ein Ersatzmitglied nur, wenn das »entsprechende« ordentliche Betriebsratsmitglied verhindert ist. Eindeutig ist geregelt, daß nicht irgendein Ersatzmitglied nachrückt, sondern immer nur das nächste.

Ausschüsse des Betriebsrates und weitere Ausschüsse

§ 27 BetrVG Als erster ist der Betriebsausschuß zu nennen. Dieser führt in Betrieben mit mehr als 300 ArbeitnehmerInnen die laufenden Geschäfte des Betriebsrates. Dabei handelt es sich auf keinen Fall um Mitbestimmungsfragen. In Betrieben unter 301 Beschäftigten ist dies in der Regel die Aufgabe des Betriebsratsvorsitzenden. Von Fall zu Fall kann diese Vorbereitung nach Beschluß des Betriebsrates einem anderen Mitglied aufgetragen werden. Dem Betriebsausschuß (er hat bei einem neunköpfigen Betriebsratsgremium fünf Mitglieder) gehören auf jeden Fall der/die Betriebsratsvorsitzende und der/die StellvertreterIn an. Nur in Betrieben mit mehr als 300 ArbeitnehmerInnen – hier sind mindestens neun Betriebsratsmitglieder vorhanden – können weitere Ausschüsse des Betriebsrates gebildet werden. Für diese Ausschüsse müssen entsprechend Sprecher gewählt werden.

Sollen der Betriebsausschuß oder die anderen Ausschüsse, z. B. der Personalausschuß, selbständig Aufgaben wahrnehmen, muß dies der Betriebsrat mit qualifizierter Mehrheit beschließen, d. h., über die Hälfte der gesetzlich vorgesehenen Mitglieder des Betriebsrates müssen nach ordnungsgemäßer Ladung für eine solche Übertragung der Aufgabe stimmen. Hierfür ist die Schriftform vorgeschrieben. **§ 28 BetrVG**

In größeren Betrieben ist dies notwendig, bedeutet aber eine Abgabe von Macht des Betriebsratsgremiums. Wegen der Bedeutung der Aufgabe ist hier die Schriftform ausdrücklich vorgesehen. Jedes Betriebsratsmitglied kann sich so über die übertragenen Aufgaben Klarheit verschaffen.

Zwei wichtige Merkpunkte:
Alle Unterlagen des Betriebsrats und seiner Ausschüsse müssen jederzeit von *allen* Betriebsratsmitgliedern eingesehen werden. **§ 34 Abs. 3 BetrVG**
Betriebsvereinbarungen dürfen von Ausschüssen nicht abgeschlossen werden.

Wirtschaftsausschuß

Der Wirtschaftsausschuß dient der Information über wirtschaftliche Angelegenheiten des Unternehmens und unterstützt damit die Arbeit des Betriebsrates. Dem Ausschuß werden wirtschaftliche Angelegenheiten mitgeteilt und mit den Ausschußmitgliedern beraten. Die Mitglieder müssen dem Unternehmen angehören, eines der Mitglieder muß Betriebsratsmitglied sein. Der Wirtschaftsausschuß hat keine Mitbestimmungsrechte. Es können ihm auch keine Mitbestimmungsrechte übertragen werden. **§§ 106–110 BetrVG**
Gewerkschaftsbeauftragte können an den Sitzungen auf Einladung hin teilnehmen.
Neben den Betriebsratsausschüssen und dem Wirtschaftsausschuß kann es weitere Ausschüsse geben, in denen der Betriebsrat mit anderen Vertretern und Experten aus dem Unternehmen zusammenarbeitet. Ein Beispiel dafür ist der Arbeitssicherheitsausschuß. Der betriebsverfassungsrechtliche Zusammenhang zur Arbeitssicherheit wird über § 89 BetrVG hergestellt.

Abb. 3: Interne und externe Ausschüsse

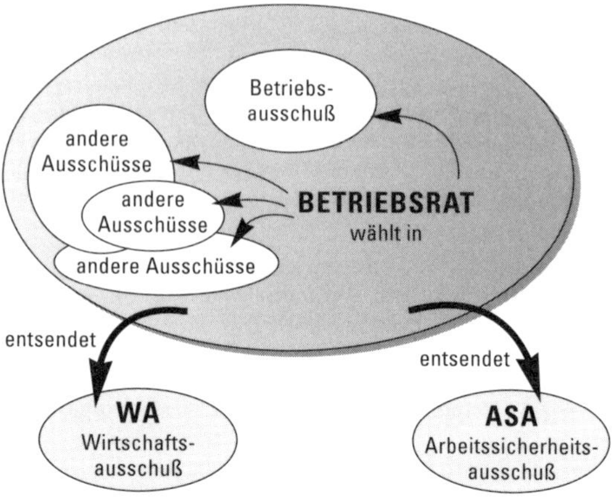

(Quelle: DGB Bildungswerk)

Freistellung

Vorab ist festzuhalten, daß alle Betriebsratsmitglieder für die erforderliche Arbeit im Betriebsrat und seinen Ausschüssen von der Arbeit im Betrieb unter Fortzahlung der Bezüge zu befreien sind. Dies ist eine gesetzliche Verpflichtung des Arbeitgebers, um die ordnungsgemäße Arbeit des Betriebsrates zu gewährleisten.

In Betrieben mit über 300 ArbeitnehmerInnen hat der Betriebsrat einen gesetzlichen Anspruch auf volle Freistellung von Betriebsratsmitgliedern. Wie viele Freistellungen möglich sind, orientiert sich an der Beschäftigtenzahl. Es bedarf hier keines Nachweises in jedem Einzelfalle, ob eine Erforderlichkeit vorliegt.

§ 37 Abs. 2 BetrVG Bei der Freistellung von Betriebsratsmitgliedern muß geprüft werden, wer dies aus beruflichen und arbeitstechnischen Gründen kann, will oder sollte. Es spricht vieles dafür, daß die Freistellung für den Vorsitzenden beschlossen werden sollte, dies muß aber nicht zwangsläufig so sein.

§ 38 BetrVG Es ist zulässig, Teilfreistellungen von Betriebsratsmitgliedern zu beschließen. Der Arbeitgeber kann nur im begründeten Einzelfall Einwendungen gegen eine Freistellung erheben.

Die Arbeiter- bzw. die Angestelltengruppe besitzt einen Gruppenanspruch auf eine Freistellung, gleiches gilt, wenn mehrere Listen bei der Wahl vorgelegen haben und es entsprechende Fraktionen gibt.

Gesamtbetriebsrat/Konzern- und Eurobetriebsrat

Das Problem des Unterschieds von Betrieb und Unternehmen ist kurz angesprochen worden. Bin ich Betriebsratsmitglied in einem Betrieb, der gleichzeitig das ganze Unternehmen ist, gibt es hier keinen Ärger, denn mein Arbeitgeber ist Arbeitgeber im Sinne des Betriebsverfassungsgesetzes und gleichzeitig der Unternehmer. Hat mein Unternehmen mehrere Betriebe, müssen die Betriebsräte dieser Betriebe einen **Gesamtbetriebsrat** bilden. Die Betriebsräte haben ein Entsendungsrecht in den Gesamtbetriebsrat. **§§ 47ff. BetrVG**

Der jeweilige Betriebsrat (oft »örtlicher« Betriebsrat genannt) beschließt, wen er in den Gesamtbetriebsrat entsendet. Wenn Arbeiter und Angestellte beschäftigt sind, werden sie mit einer Person aus dem örtlichen Betriebsrat vertreten, wenn es nur eine Gruppe, nur Arbeiter oder nur Angestellte, gibt, mit einer Person. Diese Person oder diese Personen vertreten dann die ArbeitnehmerInnen entsprechend der Anzahl der jeweils im Betrieb beschäftigten ArbeitnehmerInnen. Hier gilt nicht wie in normalen Betriebsratsabstimmungen »one man – one vote«, sondern die Stellvertretung für die ArbeitnehmerInnen. Das GBR-Mitglied hat dort so viele Stimmen, wie es ArbeitnehmerInnen vertritt. Dies kann zu einem Problem werden, wenn unternehmerische Entscheidungen einen kleinen oder mehrere kleine Betriebe betreffen. Die entsprechenden VertreterInnen können bei Abstimmungen schnell unterliegen. Die Grundregel lautet hier: Die Entscheidung trifft der Betriebsrat. Nur wenn das gesamte Unternehmen betroffen ist oder Teile des Unternehmens, ist der Gesamtbetriebsrat zuständig, vorausgesetzt der örtliche Betriebsrat kann die Entscheidung nicht treffen. In den meisten Mitbestimmungsfällen ist der örtliche Betriebsrat für die Regelung »vor Ort« zuständig.

Der Betriebsrat kann allerdings schriftlich mit der Mehrheit der Stimmen den Gesamtbetriebsrat mit Aufgaben betrauen. Er kann dies endgültig tun oder sich die Entscheidung nach der Verhandlung durch den Gesamtbetriebsrat vorbehalten. Gleiches gilt im Verhältnis Gesamtbetriebsrat zum Konzernbetriebsrat. **§ 50 Abs. 2 BetrVG**

Wenn die verschiedenen Unternehmen einen Konzern bilden – s. § 18 AktG –, können die Unternehmensbetriebsräte/Gesamtbetriebsräte einen **Konzernbetriebsrat** bilden. **§§ 54ff. BetrVG**

Was der Gesamtbetriebsrat dann nicht entscheiden kann, ist Sache des Konzernbetriebsrates. Diese Fälle sind im Alltag des Betriebsrates allerdings die krasse Ausnahme.

Abb. 4: Verhältnis Betriebsrat – Gesamtbetriebsrat – Konzernbetriebsrat – Eurobetriebsrat

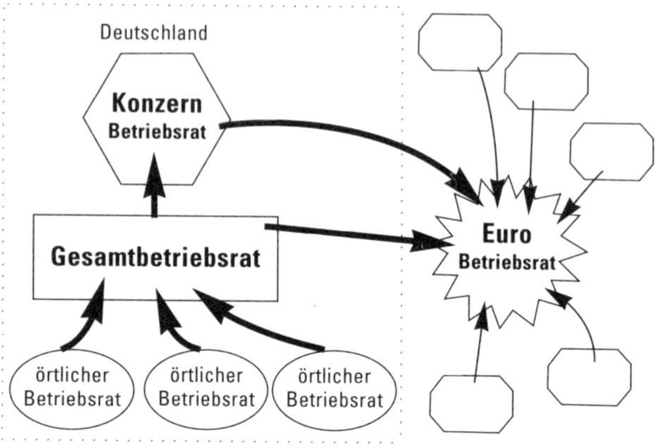

(Quelle: DGB Bildungswerk)

EBR-Gesetz **Eurobetriebsräte** unterliegen nicht dem Betriebsverfassungsgesetz, sie können, müssen aber nicht gebildet werden. Allerdings werden sie im Zusammenhang mit der Globalisierung immer wichtiger. Sie dienen der Stärkung des Rechts auf grenzübergreifende Unterrichtung und Anhörung in gemeinschaftsweit tätigen Unternehmen und Unternehmensgruppen. Ein Unternehmen ist gemeinschaftsweit tätig, wenn es mindestens 1000 ArbeitnehmerInnen in den Mitgliedstaaten der Europäischen Union und davon jeweils mindestens 150 ArbeitnehmerInnen in mindestens zwei Mitgliedstaaten beschäftigt.

Zusammenarbeit mit anderen Personengruppen bzw. deren Vertretung

§§ 60ff. BetrVG Der Betriebsrat soll und muß mit weiteren betrieblichen Vertretungen zusammenarbeiten, soweit dieser Personenkreis im Betrieb vertreten ist.

§ 67 Abs. 1 S. 1 BetrVG Dies ist einmal die **Jugend- und Auszubildendenvertretung** (JAV); sie hat ein Teilnahmerecht an der Betriebsratssitzung. Ein Vertreter der JAV hat ein Teilnahmerecht an allen Sitzungen. In den Fällen, in denen es überwiegend um Angelegenheiten der ArbeitnehmerInnen unter 18 Jahren bzw. der zu ihrer Berufsausbildung Beschäftigten, die das 25. Lebensjahr noch nicht vollendet haben, geht, hat die gesamte JAV ein Teilnahmerecht. Dann besitzt sie auch ein Stimmrecht.

Dazu kommt die **Schwerbehindertenvertretung** (§§ 24ff. SchwbG). Mit dieser arbeitet der Betriebsrat ebenfalls zusammen. Sie hat ein Teilnahme- und Beratungsrecht an allen Sitzungen des Betriebsrats und dessen Ausschüssen sowie an den Verhandlungen mit dem Arbeitgeber. **§ 32 BetrVG**

Der Betriebsratsvorsitzende hat die oben genannten Vertretungen zu den Sitzungen gemäß § 29 Abs. 2 BetrVG einzuladen.

Der Betriebsrat arbeitet noch mit weiteren Personen zusammen, die kein Teilnahmerecht an den Sitzungen haben. Hier kommen in erster Linie Beauftragte für bestimmte Aufgaben in Betracht, wie zum Beispiel Suchtbeauftragte, Beauftragte für Zivildienstleistende und – besonders wichtig – Frauenbeauftragte. Letztere müssen sich speziell um die Probleme der Frauen im Betrieb kümmern, um die rechtliche Gleichstellung tatsächlich umzusetzen.

Das alles zu organisieren ist ganz schön schwierig.

2. Wir organisieren die Arbeit

Strukturelle Voraussetzungen

Die Organisation der Arbeit im Betriebsrat ist natürlich sehr abhängig von den Bedingungen, unter denen sie stattfindet. Damit sind zunächst einmal die rein formalen Bedingungen gemeint: So macht es einen großen Unterschied, ob es sich um einen Betriebsrat innerhalb eines Großbetriebes handelt und die Anzahl der Betriebsratsmitglieder mehr als neun Personen beträgt oder ob es sich um einen Betriebsrat in einem Kleinbetrieb handelt – einmal ganz abgesehen von den Ein-Kopf-Betriebsräten. Die Möglichkeit der Freistellung erlaubt eine andere Art der Beschäftigung mit den anfallenden Aufgaben. Als Nicht-Freigestellte/r habe ich vielleicht oft das Gefühl, ständig zwischen zwei Stühlen – der Betriebsratsarbeit und der beruflichen Arbeit – zu stehen. Probleme der Arbeitsorganisation zeigen sich von daher an ganz unterschiedlichen Stellen: In einem »Groß-Betriebsrat« besteht die Möglichkeit, die Arbeit auf mehrere Schultern zu verteilen. Dafür gibt es hier oft die Schwierigkeit, in den Betriebsratssitzungen selbst verschiedene Gruppeninteressen unter einen Hut zu bekommen. Wenn noch politisch unterschiedliche Gruppierungen existieren, die sich gegenseitig nicht gerade freundlich gesonnen sind, macht dies die Arbeit nicht gerade leichter.

Wenn ich auf Schwierigkeiten stoße, ist es wichtig, mir vor Augen zu führen, in welcher Situation ich arbeite. Erst dann kann ich entscheiden, welche Formen der Arbeitsorganisation mir bei dringenden Problemen helfen können.
Die folgende Abbildung gibt einen kleinen Überblick über einige grundlegende Unterschiede in der Betriebsratsarbeit.

Abb. 5: Merkmale der Betriebsratsarbeit im Vergleich

Großbetrieb	**Kleinbetrieb**	
mehr als 2000 AN (Unternehmens-mitbestimmung)	301 bis 2000 AN	bis 300 AN
hohe Anzahl von BR-Mitgliedern vollständige Freistellung (mindestens 4)	geringe Anzahl von BR-Mitgliedern Freistellung von 1–3 BR-Mitgliedern	geringe Anzahl von BR-Mitgliedern/Ein-Kopf-Betriebsräte keine formelle Freistellung nach BetrVG
hohe Arbeitsteilung: Ausschüsse, Kommissionen, sehr formalisierte Arbeitsweise; Verfügung über eigene interne und externe Experten	geringe Arbeitsteilung; Arbeit auf wenigen Schultern und wenig formalisiert; keine eigenen Referenten; Zugang zu Experten erschwert	keine bis minimale Arbeitsteilung; Arbeit auf wenigen Schultern und wenig formalisiert; keine eigenen Referenten; Zugang zu Experten erschwert
regelmäßige Schulung und Weiterbildung durch Gewerkschaft und Unternehmen	wenig Zeit und andere Restriktionen beeinträchtigen Weiterbildungsmöglichkeiten	wenig Zeit und andere Restriktionen beeinträchtigen Weiterbildungsmöglichkeiten
BR ist anerkannter Verhandlungspartner des Managements	Anerkennung durch Management höchst unterschiedlich, beschränkt sich oft auf die Person des/der Vorsitzenden	Anerkennung durch Management höchst unterschiedlich, beschränkt sich oft auf die Person des/der Vorsitzenden
geregelte Verfahren in institutionalisierten Gremien, schriftliche Vereinbarungen	häufig nur informelle Kontakte, Vereinbarungen meist mündlich	häufig nur informelle Kontakte, Vereinbarungen meist mündlich

(in Anlehnung an Hildebrand/Selz,1989)

Voraussetzungen der Arbeit in Gruppen

Wie wir schon gesehen haben, gibt es neben der Definition der Gruppe im Betriebsverfassungsgesetz noch andere Teile/Gruppen in der Belegschaft, die sich durch gemeinsame Merkmale als Gruppe definieren, wie z.B. AusländerInnen. Ganz allgemein spricht man von einer Gruppe, wenn mehr als zwei Personen zusammen sind. Der Betriebsrat als Ganzes ist eine Gruppe. Wenn wir uns mit anderen Menschen zusammensetzen, um zu arbeiten, denken wir häufig, dieses Ziel allein reiche aus, um die Arbeit zu tun. Vergessen wird dabei, daß sich Menschen erst einmal »zusammenraufen« müssen, um überhaupt arbeitsfähig zu werden und zu bleiben. Wie können wir es nun schaffen, in diesem Sinn eine arbeitsfähige Gruppe zu werden?

Nicht nötig – sage ich jetzt vielleicht –, die Zusammensetzung unseres Betriebsrates hat sich nicht geändert. Immer noch die gleichen Personen, die wissen, was sie voneinander zu halten haben. Vielleicht: Aber haben sich nicht bei dem einen oder anderen die Lebens- und Arbeitsbedingungen geändert, war das Wahlergebnis wirklich das gleiche, was hat sich in der Belegschaft geändert, die ich vertrete, ist die ökonomische Situation des Betriebs tatsächlich noch die gleiche, habe ich wirklich noch den gleichen Auftrag wie vor vier Jahren, gibt es immer noch die gleichen Ersatzmitglieder? Auch in einer scheinbar altbekannten und vertrauten Situation sind neue Reaktionen gefragt.

Tip Vielleicht lohnt es sich, am Anfang in einer »alten« Gruppe kurz innezuhalten und dies zu bedenken.

Wie schaffen wir ein gutes Arbeitsklima?

Immer, wenn Menschen etwas miteinander tun, gibt es eine Atmosphäre, eine Stimmungslage, ein Klima, in das ihr Tun eingebettet ist. Dieses Arbeitsklima kann gut, schlecht, gespannt, locker, rauh oder wechselhaft sein.

Wenn sich eine Gruppe neu zusammensetzt, ob nun in der altbekannten Zusammensetzung oder völlig neu, stellt sich jede/r mehr oder weniger bewußt in der Regel folgende Fragen:

Inwieweit werde ich akzeptiert?
Wie sehr werde ich anerkannt und ernstgenommen?
Kann ich so sein, wie ich bin, oder muß man sich hier verstellen?
Kann ich den anderen vertrauen?
Werden die anderen mich mögen, und inwieweit werde ich sie sympathisch finden?

Können wir diese Fragen für uns positiv beantworten, so finden wir das Klima gut; wir freuen uns dann auf die Arbeit in und mit der neuen Gruppe. Sind wir unsicher, wie die Fragen zu beantworten sind, oder wissen wir gar, daß die Antworten auf die meisten Fragen mehr oder weniger negativ ausfallen, so werden wir uns entsprechend wappnen, abgrenzen, sehr vorsichtig verhalten.

Das Klima und die zu leistende Arbeit bzw. die zu lösende Aufgabe beeinflussen sich gegenseitig. Einerseits beeinflußt die Aufgabe das Klima: So wird z. B. die Diskussion über eine Versetzung eine andere Stimmung hervorrufen als eine anstehende Abgruppierung. Wenn wir einen Erfolg feiern, wird ein entspanntes Klima herrschen. Ein Mißerfolg wird die Stimmung in der Gruppe trüben.

Andererseits beeinflußt das herrschende Gruppenklima den Verlauf der Arbeit: Unter einer gespannten Atmosphäre leidet die Arbeit; man sichert und grenzt sich gegeneinander ab; Mißverständnisse häufen sich, es wird viel aneinander vorbeigeredet; Entscheidungen werden schwierig und vor allem, die Arbeitslust ist gering. Ein gutes Klima dagegen fördert die Zusammenarbeit und Hilfsbereitschaft. Man ist bereit, notfalls über das eigene Pensum und den eigenen Bereich hinaus zu arbeiten; vor allem, man arbeitet gerne. Man sagt, die Bindung an die Gruppe und in der Gruppe sind hoch.

Abb. 6: Verschiedene Elemente für gutes und schlechtes Gruppenklima

gutes Klima	schlechtes Klima
Offenheit	Verschlossenheit
Vertrauen	Mißtrauen
Kollegialität und Hilfsbereitschaft	Abkapselung und Konkurrenzdenken
Wohlwollen	Mißgunst
Anerkennung	Abwertung
Entfaltungsmöglichkeiten	Einengung
gesicherte Gruppenzugehörigkeit	Bangen um Gruppenzugehörigkeit

Bestimmte Anzeichen wie die Gereiztheit der Mitglieder, Häufigkeit der Beschwerden, Cliquenbildung, zunehmende Absonderung von Mitgliedern, häufiger Streit, häufiges Fehlen, Fehler in der Arbeit und ähnliche Erscheinungen zeigen sozusagen wie Meßinstrumente, wenn mit dem Gruppenklima etwas nicht stimmt. Ein Motor läuft nicht ohne Getriebeöl. So ist das Gruppenklima für das »Laufen« der Gruppe wichtig. Das Klima ist ein wesentlicher Faktor für die Güte unserer Arbeit und für unser persönliches Wohlbefinden in einer Gruppe. Wie entsteht nun Klima in einer Gruppe, hier im Betriebsrat, und wie können wir es gezielt beeinflussen und steuern?
Um dies zu können, müssen wir uns klarmachen, daß eine Gruppe mehrere Phasen durchläuft, bis sie *wirklich* zusammengewachsen ist, bis sie tatsächlich arbeitsfähig ist, sich *wirklich* ihrer Aufgabe widmen kann. Dies betrifft jede Gruppe, unabhängig von ihrer Aufgabe und dem Ziel, das sie sich gesetzt hat. Das geschieht nicht von heute auf morgen, sondern ist ein – teilweise – mühsamer Prozeß. Ein Prozeß, der sich letzten Endes zu Beginn eines jeden Zusammentreffens einer Gruppe in ähnlicher Art und Weise wiederholt.

Was ist in neuen Gruppen zu beachten?
In Gruppen, die sich in irgendeiner Form neu zusammengesetzt haben, ist es offensichtlicher, daß sich die Menschen, die dort zusammenarbeiten wollen, zunächst kennenlernen müssen.

So gibt es zu Beginn einer jeden Gruppe, ob sie sich erst konstituiert oder zu einer turnusmäßigen Sitzung zusammenfindet, eine **Phase der Orientierung:** Wir versuchen herauszubekommen, was überhaupt Sache ist, mit wem wir es noch zu tun haben, wer auf welcher Seite steht. Eine zweite **Phase,** die jede Gruppe durchläuft, ist die **der Auseinandersetzung:** Es wird darum gerungen, wer recht hat, wer die Richtung, die Linie, die Ausrichtung der Arbeit bestimmt, wer das Sagen hat. In dieser Phase wird zwar viel sachlich diskutiert, häufig geht es aber mehr um die Beziehungen untereinander, die Verteilung von Macht, als um die Sache selbst.
Das ist ganz normal, denn erst in einer dritten **Phase** stellt eine Gruppe **Regeln** für sich auf, nach denen sie arbeiten will. Erst wenn die Phase der Auseinandersetzung durchlaufen ist, wir uns sozusagen die Hörner abgestoßen haben, jede/r seine/ihre Position gefunden hat, sind wir bereit, zusammenzuarbeiten. Dann erst wird es möglich, Regeln zu vereinbaren, die sich auf Pünktlichkeit, Rededisziplin usw. beziehen. Erst dann hat jede/r entschieden, ob und wie er/sie in der Gruppe mitmachen will. Und erst dann kann eine Gruppe in die eigentliche **Arbeitsphase** eintreten. Das bedeutet natürlich viel Geduld am Anfang und vor allem Zeit und dies, während sich die Arbeit auf den Tischen häuft.

Tip

Die Erfahrung hat gezeigt, daß sich diese Zeit lohnt, da Probleme aus der Anfangszeit an irgendeiner Stelle immer wieder auftreten.
Ein erster Prüfstein dafür, wie wir als Gruppe zusammenarbeiten, sind die Sitzungen des Betriebsrats. Natürlich arbeiten wir nicht nur in den Sitzungen zusammen, doch hier werden die Beschlüsse gefaßt, die für das Handeln des Betriebsrats richtungweisend sind. Der Betriebsrat hat gesetzliche Aufgaben und eigenen Gestaltungsraum. Um diese Aufgaben zu erfüllen, muß der Betriebsrat, wie schon am Anfang gesagt, in jedem Einzelfall bestimmen, mit welchen Interessen er es zu tun hat und welche Meinung er selbst vertritt. Nach Prüfung seiner Möglichkeiten hat er dann Beschlüsse zu fassen.
Wenn wir im folgenden auf die Durchführung von Sitzungen eingehen, so geschieht dies unter zwei Aspekten: zum einen in bezug auf die Form der Diskussionsführung und zum anderen in bezug auf die Frage des Diskussionsergebnisses einer Betriebsratssitzung, der ordnungsgemäßen Beschlußfassung.

Abb. 7: Gruppenphasen

Phase	Gruppenaufgabe (Inhalt)	Soziale Struktur (Interaktion)
Orientierung	Ziele verstehen Teilziele definieren Struktur entwickeln Methoden entwickeln	Suche nach der eigenen Rolle Welches Verhalten wird akzeptiert? Abhängigkeit von Gruppenleiter, Normen Standards Verschlossen im Zeigen von Gefühlen
Konfrontation und Konflikt	Entweder-oder-Diskussion Mehr Energie auf die Aufgabe Diskrepanz: Aufgabe und persönliche Orientierung Widerstand gegen Aufgabe und Methoden	Individualität Verteidigen von Territorien Polarisation Politik Ungleichmäßige Interaktion Kampf um Macht und Status Verhaltensexperimente
Regeln finden	Spielregeln für die Arbeit Aufgabenrollen definieren	Wertschätzung und Akzeptanz
Konsens, Kooperationen Kompromiß	Offener Austausch von Daten und Meinungen Suche nach Alternativen	Entspannung, Zugehörigkeitsgefühl Offene, authentische Kooperation, Kommunikation Harmonie und Konflikt-Vermeidungsstrategien (im konstruktiven Sinn)

(nach: Vopel, Klaus: Handbuch für Gruppenleiter, Hamburg, 1975)

Sitzungen

Um eine Sitzung durchzuführen, bedarf es einer gewissen Ordnung sowohl im Verhalten jedes einzelnen wie auch bezogen auf die Sache. Hierfür kann es nützlich sein, daß sich der Betriebsrat eine Geschäftsordnung gibt. Sie ist aber nicht erforderlich. Dennoch vorab einige Worte zur Geschäftsordnung. **Tip**

Geschäftsordnung des Betriebsrates

Der Betriebsrat sollte Wert darauf legen, daß seine Arbeit ohne bürokratisch zu übertreiben, ordnungsgemäß und transparent abläuft. Zu diesem Zweck kann er sich eine Geschäftsordnung geben. Diese **§ 36 BetrVG** muß schriftlich festgehalten werden und kann nur mit der Mehrheit der gesetzlich vorgesehenen Mitglieder verabschiedet werden.

Eine Geschäftsordnung kann die Betriebsratsarbeit ordnen. Durch eine Geschäftsordnung kann keine betriebsverfassungsrechtlich bestimmte Regelung verändert werden. Eine Geschäftsordnung kann rechtswirksam kein Betriebsratsmitglied und keinen Vorsitzenden beauftragen, Mitbestimmungsfragen mit dem Arbeitgeber zu regeln, da in diesen Fällen eindeutig ein ordnungsgemäßer Beschluß des Gremiums im Gesetz vorgeschrieben ist.

Durchführung von Sitzungen
Eine Sitzung so durchzuführen, daß jede/r zu Wort kommt und keine/r zu lange spricht, jede/r seine Meinung äußern kann und wir dennoch zu einem gemeinsamen Ergebnis kommen können, ist gar nicht so einfach. Im folgenden einige Anregungen, die die Arbeit in Sitzungen erleichtern können.
Eine Sitzung wird von zwei Seiten zum Erfolg geführt: von der Diskussionsleitung **und** den DiskussionsteilnehmerInnen. Beide tragen gleichermaßen viel zum Erfolg bei.
Was die ***Diskussionsleitung*** beachten sollte:

Abb. 8: Elemente der Diskussionsleitung

Diskussionsstruktur	Diskussionsinhalte und Beteiligung
Formales	Eröffnung, Tagesordnung, Zeitplan, Protokoll, Termine, Rednerliste, Materialien
Struktur geben	Was ist das Thema? Alle Teilnehmer auf denselben Stand bringen. Wie soll das Thema behandelt werden? Sammeln der Ideen, Informationen und Berichte Ordnen aller Gesichtspunkte und Beiträge Bewerten der Vorschläge
Struktur halten	Beim Thema bleiben, zum Thema zurückführen Nacheinander einzelner Aspekte Abhaken erledigter Punkte, Entscheidungen, Vorgreifende Beiträge zurückstellen (Notiz) Einordnen neuer Vorschläge in die TO
Zwischen-zusammenfassungen	Wo stehen wir gerade? Welche Gesichtspunkte wurden genannt? Welche Bewertungen vorgenommen? Verwirrende Themenvielfalt sortieren Was muß noch geklärt werden?

Soziale Kooperation	Alle KollegInnen einbeziehen Keine Monologe/kein Niedermachen Einander aufmerksam zuhören Auf die Beiträge der anderen zurückkommen
Entscheidungen	Für alle Entscheidungen ausdrückliche Zustimmung einholen Bei Differenzen möglichen Konsens suchen Nicht vorschnell abstimmen Abstimmungsalternativen klar und deutlich ansprechen
Rolle des Diskussionsleiters	Eigene Meinung und Diskussionsleitung trennen

(Quelle: DGB Bildungswerk)

Die Diskussionsleitung ist ein wichtiger Teil für die Durchführung einer Sitzung. Aber ohne aktive TeilnehmerInnen kann ein/e DiskussionsleiterIn noch so perfekt sein.
Um mitbestimmen zu können, muß ich den Mund aufmachen: Was ***DiskussionsteilnehmerInnen*** beachten sollten, um sich aktiv einzumischen:

Sei für Dich selbst verantwortlich
Entscheide, wann Du schweigen und wann Du reden und was Du sagen willst.

Äußere Deine Interessen
Äußere frei Deine Interessen, aber erwarte nicht, daß Dein/e GesprächspartnerIn sie stets so erfüllt, wie Du es Dir vorstellst. Vertraue hingegen darauf, daß Ihr gemeinsame Lösungen für Eure Konflikte finden werdet, die Deinen wie seinen/ihren Interessen gerecht werden.

Mache persönliche Aussagen
Sage »ich« statt »man« oder »wir«, wenn Du von Dir und Deiner Meinung sprichst. Persönliche Aussagen sind aussagekräftiger, wenn Du begründest, was sie für Dich bedeuten.

Eigene Meinungen statt Fragen
Wenn Du eine Frage stellst – sage, warum Du sie stellst. Fragen sind oft eine Methode, sich und seine eigene Meinung nicht zu zeigen. Äußerst Du aber Deine Meinung, hat Dein/e GesprächspartnerIn es viel leichter, sich Deiner Meinung anzuschließen oder Dir zu widersprechen.

Bevor Du Deine eigene Meinung sagst, höre zu und prüfe, ob Du richtig verstanden hast
Wenn Du den Eindruck hast, daß das Gespräch aufgeregt und schnell wird und ihr nicht ganz versteht, was der andere meint – dann versuche zunächst zu wiederholen, was gesagt wurde, und teile dann erst Deine Meinung mit. Wenn Du bemerkst, daß Du oder jemand anders sich in Verteidigungshaltung befindet oder Personen sich gegenseitig aggressiv anklagen, dann bitte um eine kleine Gesprächspause zur Beruhigung.

Vermeide Verallgemeinerungen

Interpretiere möglichst nicht die Aussagen anderer

Trage keine Mitteilungen persönlicher Art aus der Gruppe heraus
Was in der Gruppe an Persönlichem geäußert wurde und alles, was sich auf spezifisches Verhalten einzelner bezieht, sage nicht weiter. Treffe hierüber mit der Gruppe eine Vereinbarung.

Versuche öfter, neues Verhalten auszuprobieren

Gib Rückmeldung, wenn Du das Bedürfnis hast
Löst das Verhalten anderer angenehme oder unangenehme Gefühle bei Dir aus, teile es sofort mit und nicht später einem Dritten gegenüber. Laß dabei offen, wer der »Schuldige« an Deinen Gefühlen ist. Du benötigst dabei keine objektiven Tatsachen oder Beweise. Deine subjektiven Gefühle genügen, denn auf diese hast Du ein unbedingtes Recht.

Wenn Du Rückmeldung erhältst, höre ruhig zu
Wenn Du Feedback erhältst, versuche nicht gleich, Dich zu verteidigen oder die Sache »klarzustellen«. Denk daran, daß Dir andere keine objektiven Tatsachen mitteilen können, sondern nur subjektive Gefühle und Wahrnehmungen.

(in Anlehnung an Ruth Cohn)

Tip

Diese Regeln stellen ein Lernziel dar: Man muß sie üben, um sich zunehmend besser daran halten zu können. Darum: Seid rücksichtsvoll mit Euch selbst und mit den anderen – man kann nicht den zweiten Schritt vor dem ersten tun. Nur eines sollte ich nicht vergessen: Jedes Betriebsratsmitglied ist für das Gelingen der Gesamtarbeit verantwortlich. Aber nun wieder zurück zum »Geschäft«:
Eine Sitzung endet in der Regel mit Beschlüssen. Über die Punkte, die in der Sitzung behandelt werden und die Außenwirkung haben, muß abgestimmt werden, und das heißt, es muß ein ordnungsgemäßer Beschluß herbeigeführt werden.

Der ordnungsgemäße Betriebsratsbeschluß

Der Beschluß ist die Grundlage des Betriebsratshandelns. **§ 33 BetrVG**

Nicht ordnungsgemäß zustande gekommene Beschlüsse gefährden jede Betriebsratsaktion. Betriebsratsbeschlüsse müssen bestimmte formale Kriterien erfüllen, da im Fall gerichtlicher Auseinandersetzungen des Betriebsrats mit dem Arbeitgeber geprüft wird, ob der Betriebsrat eine ordnungsgemäße Grundlage für seine Handlungen hat. Die Beschlüsse werden deshalb im Protokoll der Betriebsratssitzung niedergelegt. Zusammenfassend die Voraussetzungen für einen ordnungsgemäßen Betriebsratsbeschluß sowie die Kriterien zu seiner Durchführung:

Voraussetzungen

Beschlüsse des Betriebsrats können nur in einer ordnungsgemäß einberufenen Sitzung des Betriebsrats gefaßt werden. (Das bedeutet, Telefonabfragen oder Umlaufentscheidungen sind unzulässig.)

Sämtliche Betriebsratsmitglieder erhalten von der/dem Vorsitzenden (im Verhinderungsfalle deren/dessen Stellvertretung) rechtzeitig und unter Mitteilung der Tagesordnung eine Einladung. Einzuladen sind alle Betriebsratsmitglieder, die Schwerbehindertenvertretung, ein Mitglied der Jugend- und Ausbildungsvertretung (JAV).
Bei Verhinderung ist das entsprechende Ersatzmitglied des Betriebsrats (oder der JAV/der Schwerbehindertenvertretung) zu laden.

Als Verhinderung in diesem Sinne gilt insbesondere Abwesenheit wegen Urlaub und Krankheit. Wenn ein Betriebsratsmitglied der Sitzung fernbleibt und als Begründung »Arbeitsüberlastung« angibt, gilt dies grundsätzlich nicht als Verhinderung.

Der Betriebsrat ist beschlußfähig, wenn mindestens die Hälfte seiner Mitglieder an der Beschlußfassung teilnimmt. Der Betriebsrat beschließt mit der Stimmenmehrheit seiner anwesenden Mitglieder. (Für die Verabschiedung einer Geschäftsordnung, die Übertragung von Aufgaben an Ausschüsse und den Gesamtbetriebsrat sind andere Mehrheiten erforderlich.)

Kriterien der Beschlußfassung

Der Gegenstand der Beschlußfassung muß sich deutlich aus der Tagesordnung ergeben, so daß sich jedes Betriebsratsmitglied konkret vorbereiten kann (ständige Rechtsprechung). Z.B. entspricht der Tagesordnungspunkt »Personelle Maßnahmen« dieser Voraussetzung nicht. Es muß im einzelnen dargestellt werden, worum es sich handelt, ob z.B. um »Versetzungen« oder »Einstellungen«. Weiterhin muß deutlich werden, für welchen Bereich des Betriebs die personellen Maßnahmen gelten sollen und um welche Kolleginnen oder Kollegen es sich handelt. Beschlüsse können nur zu konkret benannten Tagesordnungspunkten gefaßt werden.
Deshalb: Grundsätzlich keine Beschlüsse unter dem Tagesordnungspunkt »Verschiedenes«.

Nur ausnahmsweise kann ein Beschluß erfolgen, wenn der Gegenstand des Beschlusses nicht auf der Tagesordnung stand. Hierfür ist Voraussetzung, daß alle Betriebsratsmitglieder – im Falle ihrer Verhinderung ihre Ersatzmitglieder – an der Sitzung teilnehmen. Durch einstimmigen Beschluß kann ein weiterer Gegenstand auf die Tagesordnung gesetzt werden. Danach könnte über den Gegenstand der Tagesordnung inhaltlich entschieden werden (ständige Rechtsprechung). Ein aktuelles Problem, das noch nicht in der Tagesordnung berücksichtigt werden konnte und bei dem absehbar ist, daß die zu fassenden Beschlüsse einer Überprüfung unterzogen werden, sollte Thema einer Sondersitzung werden. Dann können sich die Kolleginnen und Kollegen auf das Thema vorbereiten, und die Gefahr ist viel geringer, daß Beschlüsse nichtig sind, weil sie den formalen Kriterien nicht entsprechen.

Achtung: Fristen, die das Betriebsverfassungsgesetz setzt, werden durch Betriebsratsbeschlüsse nicht außer Kraft gesetzt.

Aussetzung von Beschlüssen

§ 35 Abs. 1 BetrVG Beschlüsse, die gefaßt sind, können für eine Woche in ihrer Wirkung ausgesetzt werden, wenn dies die Mehrheit der Vertreter einer Gruppe (oder die Jugend- und Auszubildendenvertretung) wünscht. Dieser Fall kann dann eintreten, wenn eine Gruppe überstimmt worden ist und dies als eine erhebliche Beeinträchtigung wichtiger Interessen der von ihr vertretenen ArbeitnehmerInnen ansieht.

§ 35 Abs. 2 BetrVG Bei richtiger Vorbereitung dürfte dieser Fall normalerweise nicht eintreten. Wenn es denn einmal passiert ist, ist neu zu beschließen. (Und: Bezogen auf die Situation des Betriebsrats als einer arbeitsfähigen Gruppe, ist nach den Konfliktfeldern in der Gruppe zu fragen. Dazu später mehr im 4. Kapitel)

Die Absätze 1 und 2 aus § 35 BetrVG gelten sinngemäß für die Schwerbehindertenvertretung. **§ 35 Abs. 3 BetrVG**

Niederschrift/Protokollierung der Arbeit
Beschlüsse müssen im Wortlaut und mit Abstimmungsergebnis in der Niederschrift, dem Protokoll der Betriebsratssitzung, festgehalten werden. Sie sind vom Vorsitzenden und einem weiteren Betriebsratsmitglied zu unterzeichnen. Der Vorsitzende ist für die Niederschrift verantwortlich. Das Betriebsverfassungsgesetz kennt im strengen Sinne keinen Schriftführer bzw. Schriftführerin.

Tip

Protokolle sollten das Wesentliche enthalten: D. h., Ergebnisse sind wichtig und nicht wer, was, wann wie gesagt hat. Protokolle sind wichtig zur Vorbereitung jeder/s einzelnen auf die kommende Sitzung, hinzu kommen meist noch andere Sitzungsunterlagen; häufig reicht die Zeit nicht aus, das alles zu lesen, vor allem für diejenigen nicht, die nicht freigestellt sind. Daher: Beim Protokoll liegt die Würze in der Kürze; ein Inhaltsverzeichnis ist hilfreich. Zumindest muß jedes Protokoll die Tagesordnung enthalten. Die Protokolle sollten außerdem an einer zentralen Stelle im Betriebsratsbüro oder, wenn vorhanden, in dessen Sekretariat zugänglich sein. Immer wieder kommt es vor, daß man sich über vorangegangene Beschlüsse vergewissern muß. Keiner kann alles im Kopf haben.

Fortbildung

Neben der Vorbereitung der Sitzungen und der regelmäßigen Teilnahme gehört es zu den Pflichten und Rechten der Betriebsratsmitglieder, sich die für die Arbeit erforderlichen Kenntnisse anzueignen. Hierzu gehören selbstredend Kenntnisse im Arbeitsrecht sowie natürlich weitere Fachkenntnisse, wenn ich in einem Ausschuß kompetent mitreden will und – wie wir schon gesehen haben – auch Kenntnisse im Bereich der sozialen Kompetenz. Dazu gehören Fachkenntnisse über den Umgang mit anderen im Gremium, in einer Gruppe, im Umgang mit der Belegschaft, um deren Interessen zu erfahren, und natürlich, wenn wir unsere Rechte gegenüber dem Arbeitgeber durchsetzen wollen, Kompetenzen in der Verhandlungsführung und Konfliktbewältigung.

Rechtliche Grundlagen
Fortbildungen sind vom Grundsatz her in § 37 Abs. 6 und 7 BetrVG geregelt. Im Betriebsverfassungsgesetz wird hier noch der in Relation zur tatsächlichen Bildungspraxis überalterte Begriff der Schulung verwandt. **§ 37 Abs. 6 BetrVG**

§ 37 Abs. 2 BetrVG Der Ausgangspunkt für die Regelung der Fortbildung ist § 37 Abs. 2. Hier wird gesagt, daß die Mitglieder des Betriebsrates von ihrer beruflichen Tätigkeit ohne Minderung des Arbeitsentgeltes zu befreien sind, wenn und soweit es nach Umfang und Art des Betriebes zur ordnungsgemäßen Durchführung ihrer Aufgaben erforderlich ist. **§ 37 Abs. 6 BetrVG** bezieht sich auf diesen Absatz 2 und **konkretisiert, daß ich als Betriebsratsmitglied für Bildungsveranstaltungen freizustellen bin, soweit diese Kenntnisse für die Arbeit des Betriebsrates erforderlich sind.** Für diese Seminare muß der Arbeitgeber alle Kosten übernehmen, die durch Anreise, Unterkunft, Verpflegung und die Vermittlung der Kenntnisse insgesamt entstehen. Neben der Bezahlung meines Lohnes bzw. Gehaltes sind die Seminarkosten voll vom Arbeitgeber zu übernehmen.
Bezogen auf die Arbeitszeit liegt hier ein gesetzlicher Befehl vor: Ein Betriebsratsmitglied hat die erforderliche Betriebsratsarbeit vorrangig vor der normalen betrieblichen Arbeit einzuordnen. Bezogen auf die Finanzierung sind, vor dem Hintergrund, daß der Betriebsrat vermögenslos ist, alle Kosten, die der Betriebsrat im Rahmen seines gesetzlichen Auftrages zu erfüllen hat, vom Arbeitgeber zu tragen.

Inhalte der Fortbildungen

§ 40 BetrVG Es ist im Einzelfall zu prüfen, was Betriebsratsmitglieder für die Betriebsratsarbeit wissen müssen, um ihren gesetzlichen Auftrag ordnungsgemäß zu erfüllen. Dies heißt, es gibt Kenntnisse, die alle erwerben müssen und solche, über die nur ein Teil der Betriebsratsmitglieder verfügen muß.

Erforderlich sind auf jeden Fall für ein Betriebsratsmitglied Grundkenntnisse im Arbeitsrecht.
Dazu können Spezialkenntnisse z. B. für die Arbeit in einem bestimmten Ausschuß wie Kenntnisse über Akkord- und Prämienlohn, Arbeitsschutz oder für die Ausübung des Amtes insgesamt kommen. Der Betriebsrat entscheidet als Gremium, was das einzelne Betriebsratsmitglied an Kenntnissen für die gemeinsame Arbeit benötigt. Dazu gehört eine gewisse Arbeitsteilung unter den Betriebsratsmitgliedern. Denjenigen, die in ihrer Funktion spezielle Aufgaben im Betrieb zu erfüllen haben, sollten Seminare zugebilligt werden, die über den allgemeinen Grundkenntnissen liegen. Es wäre aber rechtswidrig, einem Betriebsratsmitglied den Erwerb erforderlicher Kenntnisse zu verweigern.

§ 37 Abs. 7 BetrVG Über diesen Anspruch hinaus hat jedes Betriebsratsmitglied einen individuellen Bildungsanspruch gemäß **§ 37 Abs. 7 des BetrVG.**

Schulungs- und Bildungsveranstaltungen, die von der obersten Arbeitsbehörde des Landes anerkannt worden sind, können von jedem Betriebsratsmitglied in einer Amtszeit innerhalb von vier

Jahren für drei Wochen besucht werden. **Für neu gewählte Betriebsratsmitglieder gilt sogar ein Zeitraum von vier Wochen.** Für diese Bildungsveranstaltungen muß ich bezahlt freigestellt werden, der Arbeitgeber muß allerdings nicht die Kosten für Anreise, Unterkunft, Verpflegung und Lehrgangskosten bezahlen.

Zu dem Anspruch auf Erweiterung meines Wissens gehört der Besuch von **Bildungsurlaub**sveranstaltungen während der Arbeitszeit, soweit in meinem Bundesland ein derartiges Gesetz besteht. Hier gelten die Ausführungen zu § 37 Abs. 7 BetrVG. Anregungen zu der Themenwahl finden sich in den Bildungsprogrammen der Gewerkschaften und des DGB Bildungswerkes sicherlich in ausreichendem Maß. Im Kapitel »Wichtige Adressen« am Ende dieses Buches finden sich entsprechende Anschriften.

Planung der Fortbildungen

Ich muß mir als Betriebsratsmitglied einen Bildungsplan machen, um meinen Weiterbildungsbedarf formulieren zu können. Der Betriebsrat muß aufgrund der Gesamterfordernisse der Arbeit und der Bedürfnisse der einzelnen einen Gesamtplan und einen Jahresplan aufstellen. Dabei ist es wichtig, daß nicht alle alles machen, sondern daß sich jede/r einzelne klare Aufgabenfelder wählt und erhält und dann versucht, sie sowohl mit dem Bildungsprogramm des Betriebsrats wie mit der betrieblichen Bildungsplanung abzustimmen. **Tip**

Anzustreben ist ein Gesamtbildungsplan, der in den Urlaubsplan eingebettet ist. Wir schlagen vor, es einmal mit einer Regelung, wie in Abb. 9 dargestellt, zu versuchen. Bei der Planung sollte an die Mitglieder des Arbeitssicherheitsausschusses, von Wirtschaftsausschüssen usw. gedacht werden.

Abb. 9: Vorschlag zur Vereinbarung eines Bildungsplans für den Betriebsrat

Regelung für Schulung und Bildung von Betriebsratsmitgliedern der Firma .... für das Jahr ....

Die nachfolgende Regelung soll dazu dienen, die erforderliche Aus- und Weiterbildung der Betriebsratsmitglieder zu sichern und sie mit den betrieblichen Belangen rechtzeitig in Einklang zu bringen und Rechtsstreitigkeiten vermeiden helfen.

Um eine bessere Planung für Betriebsrat und Arbeitgeber (im Rahmen des Gesamturlaubs- und Bildungsplanes) zu ermöglichen, sind sich beide Parteien darüber einig, daß für Betriebsratsmitglieder für das kommende Jahr folgende Schulungs- und Bildungsveranstaltungen vorgesehen sind. Freistellungen von Betriebsratsmitgliedern nach § 37 Abs. 2 BetrVG und ggf. Vereinbarungen hierüber bleiben von dieser Regelung unberührt.

1. Schulungen von Betriebsratsmitgliedern zu Themen, die für die Arbeit des Betriebsratsgremiums erforderlich sind (§ 37 Abs. 6 Betriebsverfassungsgesetz)

1.1 Personenbezogene Alternative

1.1.1 Kollegin/Kollege:..
Ersatz:..................................
Von......................bis.........................
in...
Veranstaltung zum
Thema:..

1.2 Themenbezogene Alternative

1.2.1
Thema:..
....

Von........................bis.......................
in...
Kollegin/Kollege..
Ersatz:...
Kollegin/Kollege...
Ersatz:...

2. Teilnahme an Schulungen auf Verlangen einzelner Betriebsratsmitglieder

Dies gilt für Bildungsveranstaltungen, die von der zuständigen obersten Arbeitsbehörde des Landes anerkannt sind (§ 37 Abs. 7 Betriebsverfassungsgesetz).

2.1 Kollegin/Kollege:..
Von..................bis.....................
in...
Veranstaltung zum
Thema:..

3. Bildungsurlaub für Betriebsratsmitglieder

Der Anspruch auf Bildungsurlaub gilt für Betriebsratsmitglieder.

4. Jugend- und Auszubildendenvertretung

Die Regelung sollte nach Zweckmäßigkeitsgesichtspunkten und natürlich nach Absprache mit der JAV in der oben angegebenen Form erfolgen (siehe § 65 Abs. 1 BetrVG).

5. Schwerbehindertenvertretung

Die Regelung sollte nach Zweckmäßigkeitsgesichtspunkten und natürlich nach Absprache mit der Schwerbehindertenvertretung in der oben angegebenen Form erfolgen (siehe § 26 Abs. 2 Schwerbehindertengesetz).

Sollte ein/e vorgesehene/r Teilnehmer/in verhindert sein, wird – soweit nicht von vornherein ein/e Ersatzteilnehmer/in benannt worden ist – rechtzeitig, d. h. im Regelfall sechs Wochen vor der Veranstaltung, eine Ersatzmeldung erfolgen.
Da diese Vereinbarung zusätzlich anfallende Bildungsveranstaltungen nicht ausschließt, wird hiermit geregelt, daß eine Einigung hierüber ebenfalls spätestens sechs Wochen vor Beginn anzustreben ist.
Sollte es über die zeitliche Lage der Bildungsveranstaltung zu keiner Einigung kommen, werden Betriebsrat und Arbeitgeber die im Gesetz vorgesehene betriebliche Einigung herbeiführen.
Hinsichtlich der Erforderlichkeit von Bildungsveranstaltungen im Sinne von Ziffer 1 dieser Vereinbarung hat der Betriebsrat einen eigenen Ermessensspielraum.

Betriebsrat und Arbeitgeber verpflichten sich, spätestens im letzten Quartal des vorangehenden Jahres mit dem Willen zur Einigung über eine neue Regelung für das folgende Jahr zu verhandeln.

Für den Betriebsrat　　　　Für den Arbeitgeber

(Quelle: DGB Bildungswerk)

Wenn es sicherlich im Einzelfall mit dem Arbeitgeber zum Streit über die Erforderlichkeit einer Bildungsmaßnahme kommen kann, gilt hier: offensives Vorgehen. Was den Erwerb meiner Kenntnisse angeht, kann ich schwerlich von anderen profitieren. Wie der Betriebsrat insgesamt im Fall von Streitigkeiten vorgehen kann, werden wir im 5. Kapitel erörtern.

Tip

Zeitplanung

Ich stehe also vor einem großen Aufgabenberg, den ich zu bewältigen habe.
Ich muß organisieren:

- meine Betriebsratsarbeit,
  z. B. im Rahmen der Vorbereitung von Sitzungen, von Betriebsratssitzungen, der Sitzungen selbst,
- meine Weiterbildung nach § 37 Abs. 6 und 7 BetrVG und meinen Bildungsurlaub,
- meinen Jahresurlaub,
- meine Arbeit gemäß meinem Arbeitsvertrag im Betrieb.

Diese Aufgabenfülle unter einen Hut zu bringen bedeutet eine genaue Zeitplanung.
Schließlich gibt es auch noch andere Verpflichtungen und Bedürfnisse, wie z. B. meine Familie, mein/e LebenspartnerIn und meine Freizeit, die ich mit meiner Betriebsratsarbeit in Einklang bringen möchte.

Um meine Zeit zu planen, kann es sinnvoll sein, mir einmal in einer ruhigen Stunde aufzulisten, was ich alles tun muß und wo ich meine Prioritäten setze.

Tip

In bezug auf die Betriebsratsarbeit ist es sicher am Anfang schwierig, einzuschätzen, wieviel Zeit hier veranschlagt werden muß. So können z. B. Rundgänge, Sitzungen und Sprechstunden unter Umständen mehr Zeit in Anspruch nehmen als geplant. Schließlich muß ich mich vorbereiten, einarbeiten in eine Materie, die mir noch nicht so vertraut ist. Vielleicht habe ich Schwierigkeiten, ein Protokoll zu schreiben, und statt der halben Stunde werden daraus zwei Stunden. Wenn ich solche Anfangsprobleme einkalkuliere, die vollkommen normal sind, brauche ich mir keine Vorwürfe zu machen und gerate weniger unter Druck, wenn etwas nicht auf Anhieb klappt. Die KollegInnen haben möglicherweise sogar die gleichen Probleme, und wenn ich darüber spreche, wird vieles einfacher, und ich bekomme sogar Hilfe.

Also: besser mehr Zeit einplanen als zu wenig.

- Verplane nie Deine gesamte Zeit. Erfahrungsgemäß brauchst Du mindestens 40% der Zeit als Puffer (Telefonate, nicht vorhersehbare Ereignisse, unerwartete Besuche)!
- Lege bei den Planungen fest, welche Ergebnisse Du erreichen möchtest, nicht nur Tätigkeiten (z. B. Widerspruch an die Geschäftsführung formulieren, nicht etwa nur: Brief an GF schreiben)!
- Formuliere Zeitvorgaben und Endtermine für Deine Arbeit und Deine Ziele, und verwende nicht Umschreibungen wie »sofort« oder »dringend«!
- Lege Prioritäten fest!
- Reserviere einen Teil Deiner Arbeit für Planungen und vorbereitende Arbeiten (z. B. Nachschlagen im Betriebsverfassungsgesetz oder Telefonat mit dem/der BetriebsbetreuerIn Deiner Gewerkschaft)!
- Reserviere einen Teil Deiner Arbeit für Weiterbildung!
- Plane (schriftlich) Routine- und Detailtätigkeiten!
- Sorge für Abwechslung, um einen Ausgleich zwischen Einzelarbeit und Besprechungen zu haben!
- Lerne, auch einmal NEIN zu sagen!

Es gibt inzwischen auf dem Markt unzählige Bücher zum Zeitmanagement und Instrumente der Zeitplanung, angefangen bei ausgeklügelten Terminkalendern bis hin zum computergestützten Termin- und Aufgabenplaner. Jeder sollte sich das für ihn Passende heraussuchen. Aber Vorsicht! Das Ausfüllen des Zeitplaners sollte nicht mehr Zeit in Anspruch nehmen als die eigentliche Arbeit!

Tip

Diese Hilfsmittel gelten natürlich nicht nur für das einzelne Betriebsratsmitglied, sondern für die Zeit- und Arbeitsplanung des Betriebsrats insgesamt.

Zielplanung/Entscheidungsfindung im Betriebsrat

Zu einer vernünftigen Arbeitsplanung innerhalb des Betriebsrates gehört es, die anfallende Arbeit in konkreten Schritten zu leisten. Nicht nur die große Linie ist wichtig, sondern auch die Vorstellung davon, wie wir mit anfallenden Problemen umgehen sollen.
Es stellt sich ein Problem:
Zum Beispiel wollen einige KollegInnen im Betrieb ein totales Rauchverbot erreichen, während andere das Rauchen nicht aufgeben können oder wollen. Nun geht es zunächst darum, das Problem zu beschreiben. In diesem Schritt heißt die Frage: WIE LAUTET DAS PROBLEM? Dann müssen wir im Betriebsrat entscheiden, ob wir dieses Problem behandeln wollen oder nicht. Wenn diese Entscheidung positiv ausfällt, müssen wir prüfen, welche Lösungsmöglichkeiten es gibt. Und schließlich müssen wir uns entscheiden, welche der Lösungsmöglichkeiten wir wählen wollen. Natürlich spielt hier die Frage eine große Rolle, inwieweit wir den Betroffenen gerecht werden können.

Abb. 10: Prozeß der Entscheidungs- und Lösungsfindung

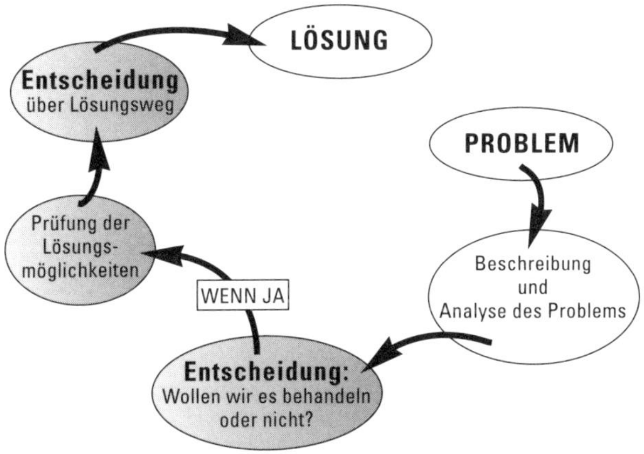

(Quelle: DGB Bildungswerk)

Tip

Wenn wir auf diese Art und Weise unsere Entscheidungen und Ziele strukturieren, haben wir zugleich eine sinnvolle Gliederung zur Behandlung von Tagesordnungspunkten auf unseren Sitzungen.

3. Womit arbeiten wir – das Betriebsverfassungsgesetz, sein Aufbau, seine Bedeutung

Ein Betriebsrat arbeitet als Gremium zusammen, um die Interessen der von ihm vertretenen ArbeitnehmerInnen zu artikulieren. Bevor der Betriebsrat zu handeln beginnt und Entscheidungen getroffen werden, muß er sich erst einmal klar werden, was er insgesamt und im jeweiligen Einzelfall erreichen will. Dies bedeutet: Der Betriebsrat hat durchaus Gestaltungsspielraum.
Es kommt also auf unsere Entscheidung an.
Um aber gestalten und sich im Einzelfall entscheiden zu können, bedarf es der Kenntnis, wie man Rechte umsetzt. In erster Linie gehören hierzu neben den rechtlichen Kenntnissen Verhandlungsfähigkeit und Verhandlungsgeschick. Verhandlungsfähigkeit setzt die Kenntnis der eigenen politischen Position voraus und – dies ist uns hier wichtig – sie setzt eine Einschätzung über die Reichweite des Betriebsverfassungsgesetzes voraus, auf dessen Basis wir als Betriebsrat unser Handeln rechtlich absichern können.
Das Betriebsverfassungsgesetz (im öffentlich-rechtlichen Bereich das Bundespersonalvertretungsgesetz und die Landespersonalvertretungsgesetze) ist von der rechtlichen Seite aus gesehen die kleine Bibel des Betriebsrates. Um das Betriebsverfassungsgesetz und die sich daraus ergebenden Handlungsmöglichkeiten zu verstehen, muß jedes Betriebsratsmitglied, also auch ich, sich klarmachen, in welchem Zusammenhang das Betriebsverfassungsgesetz zu anderen Gesetzen und Regelungen steht und auf welcher Ebene diese Vorschriften gelten.

Allgemeine Einordnung des Betriebsverfassungsgesetzes

Gesetze, wie z. B. das Bundesurlaubsgesetz, das Kündigungsschutzgesetz und natürlich auch das Betriebsverfassungsgesetz, werden von den Parlamenten gemacht und wirken unmittelbar auf Personen ein, die »gemeint« sind. Bei den Gesetzen wird unterschieden zwischen denen, die zwingend etwas vorschreiben und den Gesetzen, von denen durch Arbeitsvertrag oder Tarifvertrag abgewichen werden kann. Es gibt demgemäß »zwingende« Gesetze bzw. Gesetzesvorschriften, von denen rechtmäßig nicht abgewichen werden kann.

Beispiel: Im Bundesurlaubsgesetz ist zwingend geregelt, daß jedem/jeder ArbeitnehmerIn 24 Werktage Urlaub zustehen.

Daneben gibt es »dispositive« Gesetze bzw. Gesetzesvorschriften, d. h. Gesetze, über die die Tarifvertragsparteien bzw. die Arbeitgeber und ArbeitnehmerInnen disponieren, über die sie vertraglich verfügen können.

Beispiel: Im Bundesurlaubsgesetz gibt es die Vorschrift, daß vom Prinzip her der Urlaub zusammenhängend gewährt werden muß, aber es wird ausdrücklich zugelassen, daß im Einzelfall Arbeitgeber und ArbeitnehmerInnen von dieser Regelung durch Vertrag abweichen dürfen.

Neben Gesetzen, die nur zwingendes oder die nur dispositives Recht enthalten, kann es darüber hinaus solche geben – wie das obige Beispiel zeigt –, in denen sowohl zwingende als auch dispositive Gesetzesvorschriften in einem Gesetz enthalten sind.

Neben den Gesetzen müssen die Tarifverträge beachtet werden. Die klassische Definition für den Tarifvertrag lautet: »Tarifvertrag ist der schriftliche Vertrag zwischen einem oder mehreren Arbeitgebern oder Arbeitgeberverbänden und einer oder mehreren Gewerkschaften zur Regelung von arbeitsrechtlichen Rechten und Pflichten der Tarifvertragsparteien (schuldrechtlicher oder obligatorischer Teil) und zur Festsetzung von Rechtsnormen über Inhalt, Abschluß und Beendigung von Arbeitsverhältnissen sowie über betriebliche und betriebsverfassungsrechtliche Fragen und gemeinsamer Einrichtungen der Vertragsparteien (normativer Teil).« Für uns ist wichtig zu wissen, daß die Bestimmungen der Tarifverträge unmittelbar und zwingend – wie Gesetze – zwischen den tarifgebundenen Arbeitgebern und ArbeitnehmerInnen gelten. Es gibt in Deutschland mehr als 40.000 verschiedene Tarifverträge. In den meisten Betrieben werden Tarifverträge angewendet. Dies kann auf einer sogenannten direkten Tarifbindung beruhen: Die Arbeitgeber sind im Arbeitgeberverband organisiert, und die ArbeitnehmerInnen sind Mitglied der vertragschließenden Gewerkschaft (gleiches gilt, wenn der einzelne Arbeitgeber Partner eines Haustarifvertrages mit der Gewerkschaft ist). Die andere häufig vorkommende Anwendungsart ist die vertragliche Vereinbarung zwischen Arbeitgeber und ArbeitnehmerInnen, daß bestimmte Tarifverträge in vollem Umfang oder teilweise Inhalt des Arbeitsvertrages werden sollen.

Bei einer direkten Tarifbindung wäre die Abweichung vom Tarifvertrag rechtlich unwirksam, bei einer nur vertraglichen Vereinbarung kann jederzeit im Rahmen der Vertragsfreiheit einvernehmlich von einzelnen Bestimmungen abgewichen werden. Die Wirkung des Tarifvertrages und weitere Einzelheiten ergeben sich aus dem Tarifvertragsgesetz.

Tarifverträge beeinflussen das Betriebsverfassungsgesetz. Im Bereich der Mitbestimmung heißt es in § 87 Abs. 1 BetrVG, daß der Betriebsrat bei sozialen Belangen im Betrieb Mitbestimmungsrechte hat, soweit nicht andere tarifliche oder gesetzliche Entscheidungen schon bestehen. Bei personellen Entscheidungen über Eingruppierungen bestimmt der Tarifvertrag das Handeln des Betriebsrats, denn der Tarifvertrag und nicht der Arbeitsvertrag oder das Gesetz regelt die Eingruppierung.

Betriebsvereinbarungen sind Sache des Betriebsrates. Arbeitgeber und Betriebsrat regeln in diesen Vereinbarungen Rechte und Pflichten der ArbeitnehmerInnen für betriebliche Abläufe. Diese Regelungen sind in großen Teilen zwingendes Recht, wie es aus folgendem Beispiel ersichtlich ist:

> § 77 Abs. 4 BetrVG sagt, daß die Vorschriften von Betriebsvereinbarungen unmittelbar und zwingend für Arbeitgeber und Arbeitnehmer gelten und ein Verzicht auf sie nur mit Zustimmung des Betriebsrates erfolgen kann.

Daneben gibt es noch die arbeitsrechtliche Gesamtzusage und die betriebliche Übung.

Hierunter versteht man eine Erklärung des Arbeitgebers, alle ArbeitnehmerInnen des Betriebes nach bestimmten Grundsätzen zu behandeln, beispielsweise allen wird zu Ostern ein Osterhase und ein kleiner Geldbetrag gegeben.

Es kann auch ohne eine derartige Gesamtzusage ein Anspruch der ArbeitnehmerInnen gegen den Arbeitgeber entstehen, wenn im Betrieb nach alter Gewohnheit allen eine Leistung gewährt wird. Im Betrieb wird dieses Gewohnheitsrecht als »betriebliche Übung« bezeichnet.

Am Ende steht dann der Arbeitsvertrag.

Meine KollegInnen und ich haben einen Arbeitsvertrag mit dem Arbeitgeber, dem Unternehmer. Dieser Arbeitsvertrag ist in den meisten Fällen schriftlich. Er kann aber mündlich geschlossen werden. Auf jeden Fall bestimmt er mein direktes Verhältnis zu meinem Unternehmer/Arbeitgeber.

Der Arbeitsvertrag ist ein privatrechtlicher – personenrechtlicher – gegenseitiger Austauschvertrag, durch den sich die ArbeitnehmerInnen zur Leistung von Arbeit im Dienst des Arbeitgebers und der Arbeitgeber zur Zahlung einer Vergütung verpflichten. Etwas komplizierter hört sich das in der Juristensprache an. Hier wird gesagt, daß im Arbeitsvertrag der Arbeitnehmer sich zur Leistung fremdbestimmter, abhängiger oder unselbständiger Arbeit auf Weisung des Arbeitgebers verpflichtet, während sich der Arbeitgeber verpflichtet, das vereinbarte Arbeitsentgelt zu entrichten und die übrigen Vertragsbestandteile zu erfüllen (z. B. Urlaub). Die Grundlagen sind in

§§ 611–630 des BGB geregelt. Der Arbeitsvertrag bestimmt das Verhalten zwischen Arbeitgeber und ArbeitnehmerInnen. Im Rahmen des Arbeitsvertrages kann der Arbeitgeber den ArbeitnehmerInnen im Rahmen seines Direktionsrechtes Arbeitsanweisungen geben, soweit diese Anweisungen nicht gegen vorrangiges Recht wie die Mitbestimmung des Betriebsrats, Tarifvertrag verstoßen.

Um diesen Aufbau etwas übersichtlicher zu gestalten, stellen wir das Verhältnis der verschiedenen Vorschriften zueinander in der folgenden Rechtspyramide dar.

Abb. 11: Rechtspyramide

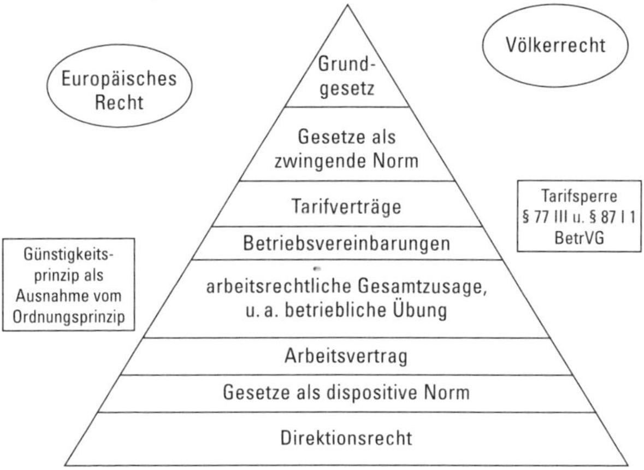

(Quelle: DGB Bildungswerk)

Was bedeutet nun diese Gliederung des Rechts für die Einordnung des Betriebsverfassungsgesetzes und die Regelungsbefugnis der Betriebsräte?

- Der Betriebsrat darf in seinem Regelungsbereich keine Regelungen abschließen, die gegen höherstehendes Recht verstoßen.

  Diese Stufung des Rechts wird als »Ordnungsprinzip« bezeichnet, weil hier eine Rangordnung der verschiedenartigen Rechtsvorschriften vorgenommen wird.

Beispiel: Wenn Regelungen über Sonntagsarbeit oder Pausenregelungen im Arbeitszeitgesetz abschließend geregelt sind, darf der Betriebsrat von dem zwingenden Gesetz nicht abweichen.

Ein weiteres Beispiel:

> In § 77 Abs. 3 des BetrVG ist geregelt, daß der Betriebsrat keine Vereinbarungen über die Inhalte des Arbeitsvertrages schließen darf, wenn eine tarifliche Regelung besteht.

- Der Betriebsrat soll nicht in Einzelarbeitsverträge eingreifen, weil diese Regelungen Sache der Tarifvertragsparteien bzw. des einzelnen Arbeitgebers und der jeweiligen ArbeitnehmerInnen ist. Die ArbeitnehmerInnen und Arbeitgeber können bessere Vereinbarungen abschließen als Gesetz und Tarifvertrag zulassen. Dieses Prinzip steht neben dem »Ordnungsprinzip« und wird als »Günstigkeitsprinzip« bezeichnet.

Dies ist der Rahmen, in dem sich der Betriebsrat bewegt und innerhalb dessen er seinen Regelungsbereich kennen muß.

Der Betriebsrat ist von den ArbeitnehmerInnen des Betriebes gewählt worden, um ihre Interessen wahrzunehmen. Dazu gehört es, die Rechte aus dem Betriebsverfassungsgesetz für die ArbeitnehmerInnen zu nutzen, und zwar nicht speziell für den einzelnen, sondern vom Prinzip her immer nur für eine Gruppe oder für die Gesamtheit der Belegschaft. Der Regelungsbereich des Betriebsrats umfaßt nicht die Individualrechte aus dem Arbeitsverhältnis, sondern sogenannte kollektive Rechte.

Regelungsbereich des Betriebsverfassungsgesetzes

Das Betriebsverfassungsgesetz regelt kollektive Rechte. Die hierin verankerten Rechte des Betriebsrates sind in den 121 Paragraphen aber nicht sofort überschaubar. In diesem Kapitel wird ein Vorschlag gemacht, wie man dieses Gesetz übersichtlich und handhabbar machen kann. Wir beginnen mit § 80 BetrVG.

§ 80 BetrVG enthält die allgemeinen Aufgaben des Betriebsrats. Hier ist hervorzuheben, daß der Betriebsrat gemäß Abs. 1 Ziffer 1 darüber zu wachen hat, daß die zugunsten der ArbeitnehmerInnen geltenden Gesetze, Verordnungen, Unfallverhütungsvorschriften, Tarifverträge und Betriebsvereinbarungen ausgeführt werden. Abs. 2 macht dann deutlich, daß der Betriebsrat zur Durchführung seiner Aufgaben nach dem Betriebsverfassungsgesetz rechtzeitig und umfassend vom Arbeitgeber zu unterrichten ist und daß ihm auf Verlangen jederzeit die zur Durchführung seiner Aufgaben erforderlichen Unterlagen zur Verfügung zu stellen sind.

Definiert wird »rechtzeitig« in der Weise, daß der Betriebsrat vor Durchführung von Maßnahmen des Arbeitgebers zu informieren ist, damit er seine Rechte zum Wohle der Beschäftigten ausüben kann.

»Vollständig« heißt: alles, was mit der Sache direkt oder indirekt zu tun hat, also wirklich alles.
Aus § 80 wird deutlich, daß das Betriebsverfassungsgesetz vorrangig ein Informationsgesetz ist. Es soll sichergestellt werden, daß die Vertretung der ArbeitnehmerInnen sich mit den Arbeitgebern über Folgen von betrieblichen Maßnahmen unterhalten kann und die Probleme vor der Durchführung besprochen werden können. Der Betriebsrat kann daher unter bestimmten Voraussetzungen Sachverständige beauftragen, die Informationen bewerten und für den Betriebsrat verständlich machen sollen. Nur ein informierter Betriebsrat kann mit dem Arbeitgeber verhandeln und seine Rechte ausüben.
Im folgenden soll in kurzer Form dargestellt werden, welche Rechte sich aus dem Betriebsverfassungsgesetz für den Betriebsrat herleiten lassen und wie diese Rechte einzuordnen sind.
Es ist wichtig, die Wertigkeit der sich aus dem Gesetz ergebenden Handlungsmöglichkeiten richtig einzuschätzen.

Vorrangig sind die Bestimmungen, aus denen sich ergibt, daß der Betriebsrat von sich aus den Arbeitgeber auffordern kann, mit ihm in bestimmten Bereichen Regelungen zu treffen (dies dürfte in der Regel eine Betriebsvereinbarung sein). Sollte diesbezüglich keine einvernehmliche Einigung mit dem Arbeitgeber erzielt werden können, muß der Betriebsrat wissen, wie er den Arbeitgeber dazu bringen kann, sich mit ihm an einen Tisch zu setzen. Ein wichtiges Entscheidungsgremium ist hier die Einigungsstelle, die konkret betriebliche Lösungen herbeiführen soll. Die rechtzeitige betriebliche Lösung kann in vielen Fällen dazu führen, daß einzelne Streitigkeiten oder gar Gerichtsverfahren vermieden werden können. Wenn ein Verhandlungsanspruch besteht, darf der Arbeitgeber in diesen Regelungsbereichen keine einseitigen Entscheidungen ohne Betriebsrat treffen. Dies heißt in der Konsequenz, daß der Arbeitgeber in diesen Bereichen keine Regelungen gegen den Betriebsrat treffen kann, der Betriebsrat kann dies verbieten. Hier hat er im eigentlichen Sinne Mitbestimmung.

Tip

Der Betriebsrat ist nicht darauf beschränkt, nur die Regelungen mit dem Arbeitgeber zu treffen, die im Gesetz vorgesehen sind. § 88 BetrVG sieht ausdrücklich vor, daß auch freiwillige Betriebsvereinbarungen abgeschlossen werden können. In dem oben genannten Paragraphen sind einige Beispielsfälle aufgeführt.

Das Betriebsverfassungsgesetz ist also kein »Verbotsgesetz«.

Handlungsmöglichkeiten aus dem Betriebsverfassungsgesetz: Die Mitbestimmungsberechtigungen

Die Handlungsmöglichkeiten des Betriebsrates werden im folgenden als Berechtigungen bezeichnet, weil sie den Betriebsrat zu einem bestimmten Handeln berechtigen.
Wir unterscheiden zwischen drei Berechtigungen:

1. Mitbestimmungsberechtigungen

Beispiel: Gewährung von Überstunden, Planung von Urlaub

2. Unterstützende Berechtigungen
Damit sind die Berechtigungen gemeint, die den Betriebsrat bei seiner Arbeit unterstützen.

Beispiel: Betriebsversammlung

3. Formale Berechtigungen
Sie heißen formal, weil der Betriebsrat hier nur ein beschränktes und streng formalisiertes Recht ausüben kann.

Beispiel: Kündigung, Versetzungen

Im folgenden eine kurze Übersicht über die Berechtigungen und die entsprechenden Stellen im Betriebsverfassungsgesetz.

Mitbestimmungsberechtigungen
Mitbestimmungsberechtigungen liegen in sozialen Angelegenheiten vor, dies sind klassischerweise Arbeitszeitfragen, Überstundenfragen, Prämienfragen.

14 Kernmitbestimmungsfelder:

Feld 1:
§§ 111, 112, 113 BetrVG: Betriebsänderung

Feld 2–13:

§ 87 Abs. 1 Nr. 1–12 BetrVG:	Regelungsbereiche in »sozialen Angelegenheiten«

Feld 14:

§ 98 BetrVG:	betriebliche Qualifizierungsmaßnahmen

eingeschränkte Mitbestimmung:

§ 95 Abs. 2 BetrVG:	Auswahlrichtlinien (bei über 1000 Beschäftigten)
§ 94 BetrVG:	Beurteilungsgrundsätze und Personalfragebögen (Initiativrecht beim Arbeitgeber)

§ 91 BetrVG: Arbeitsplatzgestaltung (in der Handhabung unpraktikabel; mehr über § 87 Abs. 1 Ziffer 7 zu erreichen)

Merkmale:
- Der Betriebsrat hat ein Initiativrecht.
- Der Arbeitgeber darf nicht einseitig handeln.
- Der Betriebsrat muß gestalten und braucht Regelungsphantasie.
- Das Ergebnis ist eine kollektive Regelung, meistens eine Betriebsvereinbarung, diese ist erzwingbar durch die Einigungsstelle.

Die Mitbestimmungsberechtigungen sind von besonderer Bedeutung, weil in diesen Bestimmungen dem Betriebsrat das Recht eingeräumt wird, selber tätig zu werden und den Arbeitgeber notfalls mit rechtlichen Mitteln in ein Verhandlungsgespräch zu bringen. Vorrangig muß der Betriebsrat bei Änderungen im Betrieb seine Aufgabe darin sehen, die KollegInnen vor Folgen von Betriebseinschränkungen, dies können Organisationsänderungen, aber auch Teil- oder Ganzstillegungen sein, zu schützen. Er hat die ArbeitnehmerInnen soweit wie möglich zu schützen und unvermeidbare Nachteile auszugleichen.
Entscheidend ist, das Gespräch mit dem Arbeitgeber vor den betrieblichen Veränderungen zu führen. Nur so können Regelungen getroffen werden, die den Interessen der betroffenen ArbeitnehmerInnen Rechnung tragen.

Von weiterer großer Bedeutung sind die Regelungen des § 87 Abs. 1 BetrVG.
Der Betriebsrat hat in Bereichen, die unter Ziffer 1 bis 12 aufgeführt sind, mitzubestimmen, soweit eine gesetzliche oder tarifliche Regelung nicht besteht. Beispielsweise in Fragen der Ordnung des Betriebes und bei Beginn und Ende der Arbeitszeit.

Ein weiterer zentraler Mitbestimmungspunkt ist die Auswahl von TeilnehmerInnen für betriebliche Bildungsmaßnahmen. Diese Auswahl soll und darf ohne den Betriebsrat nicht stattfinden. Hier werden oft Entscheidungen getroffen, die längerfristig über Erhalt oder Verlust des Arbeitsplatzes bestimmen.

Unterstützende Berechtigungen
Hierunter werden die Berechtigungen verstanden, die der Betriebsrat für seine Arbeit braucht.

Klassische Beispiele: Information, Schulung

Informationsansprüche:

§ 80 Abs. 2 BetrVG: Generalklausel

Beratungsansprüche:

§§ 106–109 BetrVG:	Wirtschaftsausschuß
§ 90 BetrVG:	Arbeitsplatzgestaltung
§ 89 Abs. 2 BetrVG:	Arbeitsschutz
§ 92 BetrVG:	Personalplanung
§ 80 Abs. 3 BetrVG:	Hinzuziehung von Sachverständigen

betriebsratsintern:

§§ 37, 38 BetrVG:	Freistellungs- und Schulungsansprüche
§§ 26 ff. BetrVG:	Geschäftsführung

u.a.

und in Kommunikation mit den Beschäftigten:

§§ 42 ff. BetrVG:	Betriebsversammlungen
§ 39 BetrVG:	Sprechstunden

u.a.

und zur Handhabung von Beschäftigteninteressen ohne rechtliche Ansprüche:

§ 85 BetrVG:	Beschwerdeverfahren

Diese Übersicht macht deutlich, wie sich der Betriebsrat für seine Arbeit Unterstützung holen kann. Von besonderer Bedeutung ist der Kontakt zu den Kolleginnen und Kollegen durch Gespräche, Sprechstunden und Betriebsversammlungen, aber auch das Beschwerdeverfahren gemäß § 85 BetrVG. In § 85 ist geregelt, daß der Betriebsrat im Falle von Einzelbeschwerden der ArbeitnehmerInnen sich einer Sache annehmen kann und dort helfen kann, wo die ArbeitnehmerInnen keinen eigenen Rechtsanspruch haben. Der Betriebsrat verhandelt direkt mit dem Arbeitgeber über das Einzelproblem der ArbeitnehmerInnen. Hier handelt der Betriebsrat ausnahmsweise mehr auf der individualrechtlichen als auf der kollektivrechtlichen Ebene.

Formale Berechtigungen

Klassische Beispiele sind hier Versetzungen von einer Abteilung zur anderen und natürlich die im Alltag so bedeutsamen Kündigungen.

§ 99 BetrVG:	Versetzungen, Einstellungen, Ein- und Umgruppierungen

Der Betriebsrat kann seine Zustimmung zu Versetzungen, Einstellungen, Ein- und Umgruppierungen verweigern. Er ist dabei an Form und Frist gebunden. Er muß sich auf einen oder mehrere gesetzliche Gründe beziehen. Im Konfliktfall entscheidet das Arbeitsgericht im Beschlußverfahren.

§ 102 BetrVG: Kündigungen

Der Betriebsrat kann widersprechen. Er ist dabei an Form und Frist gebunden. Er muß sich auf einen oder mehrere gesetzliche Gründe beziehen. Wichtiger Unterschied zu § 99 BetrVG: Der Betriebsrat hat kein eigenes Handlungsrecht! Der Widerspruch des Betriebsrates führt zur Weiterbeschäftigung gemäß Kündigungsschutzgesetz. Diese Weiterbeschäftigung müssen die ArbeitnehmerInnen durchsetzen.

Merkmale:
- Der Arbeitgeber muß den Betriebsrat informieren, d. h. anhören.

Der Betriebsrat kann personelle Maßnahmen des Arbeitgebers bei Einstellungen, Eingruppierungen, Versetzungen und Umgruppierungen nur eingeschränkt verhindern und nur nach genau vorgeschriebenen Möglichkeiten.
Er kann Kündigungen nicht verhindern. Er kann nur nach einem ebenfalls vorgeschriebenen Verfahren bei fristgerechten Kündigungen widersprechen; dies führt aber zur Weiterbeschäftigung des/der ArbeitnehmerIn, wenn diese/r sich in einem Arbeitsgerichtsprozeß gegen die Kündigung wehrt. Entscheidend ist, daß der Betriebsrat bei personellen Maßnahmen gehört wird und seine Einwendungen zu der getroffenen Maßnahme vorbringen kann. So gelingt es möglicherweise, im Gespräch mit dem Arbeitgeber zu Lösungen zu kommen, die für die betroffenen ArbeitnehmerInnen akzeptabler sind. Wie im einzelnen der Betriebsrat seine Rechte durchsetzen kann, wenn es nicht zu einer einvernehmlichen Lösung gekommen ist, wird in Verbindung mit den hier vorgestellten Vorschriften im 5. Kapitel behandelt.
Die oben angeführten Vorschriften sind diejenigen, die den Betriebsrat in der Alltagsarbeit am meisten beschäftigen werden. Mit diesen sollte man sich daher beim Einstieg in das Betriebsverfassungsgesetz vorrangig beschäftigen.

4. Wer sind wir eigentlich – Rolle und Funktion von Betriebsräten und Betriebsratsmitgliedern

Je nach Situation, in die ein Betriebsrat gestellt ist, muß sich das Gremium eine angemessene Handlungsgrundlage schaffen. Der Betriebsrat muß als Gruppe seine Rolle im betrieblichen Geschehen definieren, sein Profil und seine Politik bestimmen. Bevor dies jedoch geschieht, muß ich mich als Betriebsratsmitglied ganz persönlich fragen, welches Selbstverständnis habe ich eigentlich von der Aufgabe, mit der ich betraut wurde. In diesem Kapitel wollen wir – ausgehend vom einzelnen Betriebsratsmitglied, über das Betriebsratsgremium bis hin zu den Beziehungen des Betriebsrates mit anderen betrieblichen und außerbetrieblichen Akteuren – nach der Rolle und dem Selbstverständnis fragen und dazu Anregungen geben, wie diese Rolle näher bestimmt werden kann.

Ich im Betriebsrat

Ich muß mir im klaren darüber sein, daß ich mit der Rolle als Betriebsratsmitglied eine weitere Rolle mit meinem sonstigen Leben zu verbinden habe. Bevor ich also anfange, mich in die Arbeit zu stürzen, ist es wichtig, für mich persönlich eine Standortbestimmung zu machen.

Tip Damit mich diese Aufgabe nicht auffrißt und ich mich klar entscheiden und wählen kann, was ich an Arbeit übernehmen möchte bzw. sollte, muß ich meine Rolle definieren (definieren heißt ja übersetzt: begrenzen).

Mein Selbstverständnis als Betriebsratsmitglied

Als Betriebsratsmitglied habe ich zahlreiche Rollen in meiner Person zu vereinigen.
Ich bin einmal ein »ganz normales« Belegschaftsmitglied, ArbeiterIn oder Angestellte,
ich bin Kollege/in im Betriebsrat,
ich bin vielleicht zum/zur Vorsitzenden gewählt worden,
ich bin möglicherweise in einem Ausschuß.
Nun ist der Betrieb ja nicht mein ganzes Leben, d. h. ich habe auch Familie, Freunde, Bekannte, ich bin in einem Verein, bin Gewerkschaftsmitglied und in anderen politischen Funktionen.
Alle diese Menschen und Organisationen erwarten etwas von mir, hier habe ich eine bestimmte Rolle.

Eine Rolle ist eine Verhaltensweise, mit der ein Mensch auf eine spezifische Situation reagiert (Moreno). Es gibt also zahlreiche Rollen, so viele wie es Situationen gibt, in denen ich mich bewege. Jede Rolle hat zwei Seiten: eine persönliche – die ganz besondere Art, wie ich eine Handlung ausführe – und eine kollektive Seite. Mit der kollektiven Seite sind z. B. gesellschaftliche Zuschreibungen gemeint wie: »ein Mann weint nicht« (auf der persönlichen Seite weine ich als Mann eben doch) oder, in meinem Fall als Betriebsratsmitglied, die gesetzlichen und betrieblichen Rahmenbedingungen und die Interessenvertretung der KollegInnen. Um mein Selbstverständnis zu bestimmen, interessiert zunächst die individuelle Seite, die Frage, wie gestalte ich persönlich meine Rolle als Betriebsratsmitglied?

Abb. 12: Verschiedene Rollen als Betriebsratsmitglied

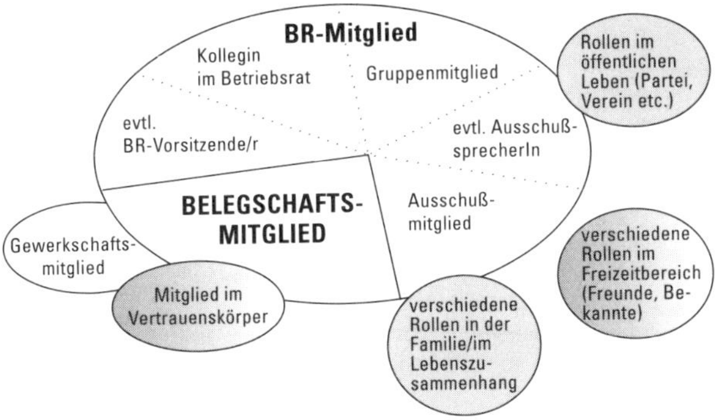

(Quelle: DGB Bildungswerk)

Wenn ich eine Aufgabe übernehme, so habe ich eine gewisse Vorstellung, zumindest eine dunkle Ahnung davon, was ich mit dieser Aufgabe bezwecken will. Wie ich mich in dieser Rolle verstehe, die ich übernommen habe. Ich habe ein Selbstverständnis, ob ich will oder nicht.

Wenn ich nun vor der Frage stehe, wie verstehe ich mich selbst, ist dies oft eine Denksportaufgabe. Leichter fällt es manchmal, wenn ich mir bildhaft vorstelle, was ich in meiner Rolle als Betriebsratsmitglied gerne für die KollegInnen sein möchte.

Vielleicht will ich eher ein/e KämpferIn sein, die/der mit Schwert und Lanze unterwegs ist, vielleicht will ich vor allem für die KollegInnen sorgen und sehe mich als Notarzt, oder ich sehe mich als eine Art Regenschirm. Ein anderes Bild könnte sein, daß ich für die KollegInnen eine Art Schutzschild sein möchte oder gar ein Lotse, ein/e Steuermann/frau in einem sinkenden Boot oder ein Wegweiser, oder will ich von allem etwas sein? Oder doch etwas ganz anderes?

Mein Selbstverständnis bestimmt letztlich auch meine Haltung zu den KollegInnen und natürlich zu meinem Gegenüber, dem Arbeitgeber. Um im Bild zu bleiben: Wenn ich ein Schutzschild sein will, braucht es auf der anderen Seite einen Angreifer. Will ich ein Lotse sein, so braucht es Klippen und Schiffe, die durch die Klippen hindurchgeschifft werden müssen... Vielleicht ist aber auf der anderen Seite gar kein dauerhafter Angreifer, vielleicht können die Kapitäne der Schiffe sehr wohl selber ihren Weg finden... Mit meinem Selbstverständnis von der Arbeit entwerfe ich immer ein Bild für die anderen, die mit mir etwas zu tun haben. Wenn ich merke, daß sie eine ganz andere Vorstellung, ein ganz anderes Bild von der Arbeit haben, die zu tun ist, muß ich mein Selbstverständnis nicht verwerfen. Jede/r hat nämlich ein anderes Bild im Kopf, einen anderen Motor, der ihn oder sie antreibt. Meist aber gehen wir davon aus, daß sich andere genauso verhalten wie ich mich selbst, daß sie eben von dem gleichen Motor bewegt werden. Oder will ich etwa nicht, daß die anderen KollegInnen sich so verhalten wie ich ...? Glaube ich etwa nicht, wenn ich selbst konfliktbereit bin, andere wären es genauso, und wundere mich, daß sie nicht mit der gleichen Bereitschaft wie ich in eine Auseinandersetzung gehen? Mein Selbstverständnis ist schließlich so etwas wie mein Leitfaden durchs Leben. Ich muß mir nur klar darüber sein, was der Motor, der Antrieb, die Motivation für meine Arbeit ist. Je nachdem wie der Motor ist, werde ich meine politischen Anliegen formulieren und mich entscheiden, eben meine Rolle ausfüllen wollen.

Meine Rolle im Gremium

Wenn ich mich nun befragt habe, wie ich meine Rolle als Betriebsratsmitglied ganz grundsätzlich definiere, stellt sich zugleich eine weitere Frage, und zwar die, welche Rolle ich im Gremium spielen will.

Neben verschiedenen Rollen, die ich in meinem eigenen Leben und Beruf auszuüben habe, habe ich in bezug auf die Arbeit in der Gruppe spezifische Rollen.

Schon an anderer Stelle haben wir festgestellt, daß es unterschiedliche Definitionen von Gruppe gibt. Innerhalb des Gremiums übernehme ich nicht nur eine Rolle in bezug auf die Sache, um die es geht (die Betriebsratsarbeit), sondern auch in bezug auf die Menschen, mit denen ich zusammenarbeite. Im Innenraum des Betriebsrats übernehme ich eine Rolle als Gruppenmitglied. Diese Rolle kann ich nun unterschiedlich ausgestalten, d.h. ich kann für die Gesamtgruppe unterschiedliche Funktionen übernehmen. Man unterschiedet dabei zwischen Aufgabenrollen, Gruppenerhaltungsrollen und Individualrollen.

Abb. 13: Rollen in Gruppen

Aufgabenrollen	Gruppenerhaltungs-rollen	Individualrollen
• Initiative und Aktivität • Meinungen erkennen und formulieren • Informationssuche • Informationen geben • Ausarbeiten von Aufgaben • Koordinieren von Arbeiten • Zusammenfassen von Diskussionen • alles Verhaltensweisen, die die Aufgabe und das Ziel im Blick haben	• Ermutigung • Grenzen wahren • Regeln bilden • Folge leisten • Ausdruck der Gruppengefühle in schwierigen Situationen • Auswerten von Diskussionen • Diagnostizieren von Situationen • Übereinstimmung prüfen • Vermitteln zwischen Konfliktparteien • Spannung vermindern	• aggressives Verhalten • Bremsen • Rivalisieren • Konkurrieren • Suche nach Sympathie • Clownerie • in Opposition gehen • sich zurückziehen • sich klein machen

(nach Antons, Klaus: Praxis der Gruppendynamik, Göttingen, 1992)

In der Zusammenarbeit mit den anderen im Betriebsrat werde ich also auf jeden Fall meine Rolle definieren müssen. Wenn ich mir bewußt mache, welchen Part ich innerhalb der Gruppe spiele bzw. spielen will, kann ich besser zwischen verschiedenen Verhaltensweisen wählen und flexibel einmal mehr eine Aufgabenrolle, ein anderes Mal wieder mehr eine Gruppenerhaltungsrolle übernehmen. Außerdem kann ich mir besser über meine Stärken im klaren werden und dafür sorgen, daß mir die anderen nicht immer die gleiche Rolle zuschreiben mit den Worten: »Du kannst das doch so gut, mach mal!« **Tip**

Rahmenbedingungen für meine Rolle

Welches Selbstverständnis ich entwickle, welche Vorstellungen ich von meiner Arbeit habe und wie ich meine Rolle im Gremium selbst ausgestalte, ist natürlich sehr davon abhängig, unter welchen Bedingungen ich dieses Amt angenommen habe. Wenn ich z. B. als Frau stark in Familienpflichten eingebunden bin, werde ich meine Zeit für die Betriebsratsarbeit anders einteilen müssen als Kollegen, die hier nicht so eingespannt sind. Weitere Einflußfaktoren auf die Bestimmung meiner Rolle können in meiner Position im Betrieb liegen, natürlich in meiner politischen Einstellung, der betrieblichen Situation insgesamt u. v. a. m. Die Auswirkungen und Fragen, die sich hier stellen können, wollen wir an einem einfachen Beispiel, das unmittelbar mit der neuen Aufgabe einhergeht, der Freistellung, deutlich machen. Als neugewähltes Betriebsratsmitglied werde ich in der Regel **nicht freigestellt** sein. Ich bin hier in zwei Rollen, in der des Betriebsratsmitglieds und der des/der Arbeitskollegen/in. Als Arbeitskollege/in habe ich die gleichen Aufgaben zu erledigen wie meine KollegInnen in der Abteilung, in meinem Arbeitsbereich. Ich bin näher an den Problemen und Sorgen der KollegInnen »dran«, es sind teilweise meine eigenen. So habe ich als Nicht-Freigestellte/r grundsätzlich mehr Anbindung an meine eigentliche Arbeit und kann mich hier beruflich weiterentwickeln.

Als Betriebsratsmitglied bin ich in einer von den KollegInnen unterschiedlichen Rolle mit unterschiedlichen Aufgaben. Ich kann nicht alle Einzelinteressen aus meiner Abteilung immer befriedigen und berücksichtigen, ich muß abwägen und werde Betriebsratsbeschlüsse vermitteln müssen, die nicht im Sinne meiner Abteilung sind. Was mache ich, wenn damit mein ganzer Bereich, meine Abteilung meint, ich hätte ihr Interesse nicht richtig vertreten? Ich falle nicht aus der Rolle, wenn ich hier den KollegInnen deutlich mache, daß ich überstimmt wurde – allerdings muß ich Stillschweigen über das Stimmverhalten der anderen KollegInnen im Betriebsrat wahren. Konflikte werden sich allerdings nicht vermeiden lassen. So muß ich z. B. den KollegInnen vermitteln, daß ich zu einer Betriebsratssitzung will und muß. Das kann durchaus zum Problem werden für mich und die anderen. Werden sie mich nicht schief ansehen, wenn ich so scheinbar »einfach« vom Arbeitsplatz verschwinde, belaste ich sie nicht mit doppelter Arbeit, ohne daß sie sofort sehen können, warum. Das Hemd ist einem meist näher als der Rock.

Tip

In einem solchen Fall werde ich sehr viel mehr Überzeugungsarbeit leisten müssen, als wenn ich grundsätzlich freigestellt bin. Eine meiner Hauptaufgaben wird hier sein, die KollegInnen von der Notwendigkeit der Betriebsratsarbeit zu überzeugen, so daß sie einsehen, warum ich »verschwinde«. Ich muß sozusagen werben für meine Sache. Damit kommt meine Rolle als Betriebsratsmitglied in die Nähe eines »Trommlers für die Sache«.

Tip

Wenn ich **freigestellt** bin, hat das natürlich Folgen für meinen Ursprungsberuf und meinen eigentlichen Arbeitsplatz. Vielleicht bin ich froh darüber, mir ein neues Aufgabengebiet erschließen zu können. Vielleicht aber bedauere ich insgeheim, daß mir wichtiges Wissen in bezug auf meinen Job verlorengeht. Werde ich möglicherweise nach vier Jahren nicht mehr zurückkönnen? Wenn ich den Anschluß zu meinem Beruf nicht völlig verlieren will, kann das z. B. bedeuten, daß ich in meiner Freizeit noch Weiterbildungen organisieren muß. Will ich dies, so muß ich meine Zeit sehr genau planen und überle-

Tip

gen, ob ich zugunsten dieses Ziels andere Verpflichtungen einschränken möchte. Was ist mit meinem Posten als Vereinsvorsitzende/r, mit den regelmäßigen Skatrunden oder Kegelclubtreffen und nicht zu vergessen, wieviel Zeit beansprucht die Familie.
Ob ich nun freigestellt bin oder nicht, oder ob mich meine Arbeitsbedingungen an ganz anderer Stelle belasten, diese fließen in die Frage nach meinem Selbstverständnis mit ein und wollen berücksichtigt werden. Unabhängig davon, wie ich diese Fragen beantworte, bin ich kein besseres oder schlechteres Betriebsratsmitglied. Ich muß jedoch wissen, daß diese Fragen für meine Tätigkeit von Bedeutung sind. Wenn ich weiß, welches Gewicht sie haben, wie stark sie mich beeinflussen oder nicht, kann ich entsprechend handeln. Nur so habe ich eine eigene Position zur Aufgabe. Wie ich die Aufgabe schließlich politisch ausfüllen will, ist dann der zweite wichtige Schritt in der Verständigung mit mir selbst.

Tip

Ich und die anderen im Betriebsrat

Bevor wir klären können, wie wir innerhalb des Betriebsrates miteinander umgehen und unsere Politik gestalten, einige Worte zur Rolle von Betriebsräten insgesamt und damit zur »kollektiven« Seite der Rolle als Betriebsratsmitglied.

Zur Rolle des Betriebsrates allgemein

Der Betriebsrat arbeitet nicht allein vor sich hin, sondern steht in einem komplexen Gefüge von Verpflichtungen und Beziehungen. Zum einen nimmt er die Interessen der Belegschaft auf, die, wie wir ja bereits gesagt haben, kein einheitlicher Block ist, sondern sich aufsplittet in verschiedenste Interessengruppen. Die Interessen können durch Status bestimmt sein (Arbeiter/In oder Angestellte/r, Meister/In etc.), durch Geschlecht, durch Nationalitätsangehörigkeit, durch das Alter (durch die Dauer der Betriebszugehörigkeit) und durch beliebige Kombinationen dieser Merkmale. Diese vielschichtigen Interessen hat der Betriebsrat zu bündeln, abzuwägen, in einen größeren Zusammenhang zu stellen und nach sorgfältiger Prüfung gegenüber dem Arbeitgeber zu vertreten. Der Betriebsrat übernimmt hier eine Mittlerfunktion, und zwar unabhängig davon, welche Art und Form der Zusammenarbeit er mit dem Arbeitgeber gewählt hat. Die Art und Weise der Zusammenarbeit wiederum hängt von der Politiklinie des Betriebsrates ab.
In jedem Fall hat er sich auch mit dem Arbeitgeber zu beraten und zu verhandeln (dies kann moderat oder kämpferisch sein) und das Beratungs- bzw. das Verhandlungsergebnis der Belegschaft zurückzuvermitteln. Natürlich gehört auch der umgekehrte Weg zum Alltag des Betriebsrats, wenn nämlich der Arbeitgeber seine Interessen an den Betriebsrat heranträgt.

Abb. 14: Der Betriebsrat als Mittler

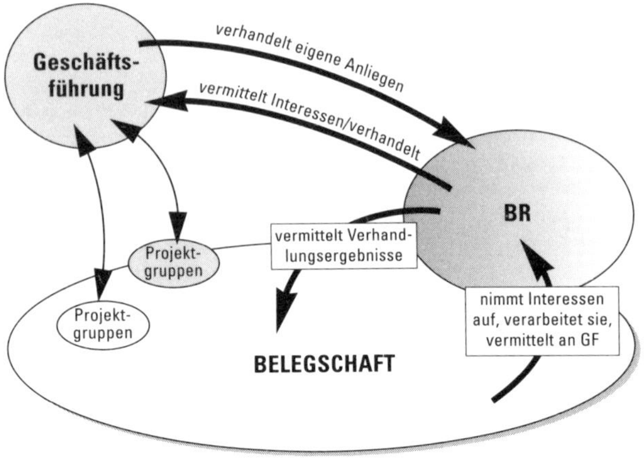

(Quelle: DGB Bildungswerk)

Diese Mittlerfunktion der Interessenvertretung hat spezifische Vorteile. Sie gibt Sicherheit, entlastet den Auftraggeber, in diesem Fall die Belegschaft bzw. einzelne Belegschaftsmitglieder, mit dem Arbeitgeber direkt in Verhandlungen zu treten. Der Betriebsrat selbst repräsentiert gegenüber dem Arbeitgeber die Interessen der Belegschaft, er fungiert als Ansprechpartner.

Diese Mittlerfunktion hat der Betriebsrat nach dem Gesetz. Wie sie ausgefüllt wird, ist die Sache eines jeden Betriebsrats selbst. Je nachdem, welche Politiklinie der Betriebsrat verfolgt, wird das Verhältnis zur Belegschaft und zum Arbeitgeber geprägt sein. Die Politik des Betriebsrates hängt dabei wesentlich davon ab, wie er mit der Belegschaft kommuniziert und seine Verhandlungspositionen an die Interessen der Belegschaft zurückkoppelt, kurz: wie stark er in der Belegschaft verankert ist. Möglicherweise fällt diese Politikentscheidung zu Beginn nicht sehr bewußt, sondern entwickelt sich gleichsam naturwüchsig in der Erledigung der anfallenden Aufgaben. Dann kann es passieren, daß der Betriebsrat, je nach dem individuellen Rollenverständnis und Temperament seiner Mitglieder, ein etwas unklares Bild nach außen abgibt.

Tip Jedes Gremium sollte sich zu Beginn seiner Arbeit fragen, und dies unabhängig davon, ob es nun schon mehrere Jahre in der gleichen Zusammensetzung zusammenarbeitet oder nicht, wie wollen wir unsere Funktion in der kommenden Amtsperiode ausfüllen. Welches Bild wollen wir nach außen hin abgeben, welches Profil wollen wir haben? In anderen Worten: Welche Politik wollen wir verfolgen? In ähnlicher Weise, wie jedes Betriebsratsmitglied für sich eine Rollenklärung als Betriebsratsmitglied machen sollte, muß dies der Betriebsrat mit dem gesamten Gremium tun. Hier erhält der Betriebsrat in jedem Fall Unterstützung von den jeweiligen BetriebsbetreuerInnen »seiner« Gewerkschaft, die ihn während der gesamten Amtsperiode begleiten. Eine solche Politikentscheidung läßt sich natürlich nicht in einer Generaldebatte zu Beginn ein für allemal festlegen. Sie ist abhängig von der Entwicklung im Betrieb und der Politik des Arbeitgebers und somit ein ständiger Prozeß. Doch lassen sich Eckpunkte festlegen und vor allen Dingen eine erste Klärung des Selbstverständnisses der gesamten Gruppe herbeiführen. Dies ist gerade auch im Hinblick auf die Gruppenfindung wichtig.

Bei der Auseinandersetzung um diese Politiklinie wird es wie bei Entscheidungen zu aktuellen Tagesproblemen, immer wieder im Gremium zu Konflikten kommen. Wir wollen deshalb an dieser Stelle einige Anregungen geben, wie wir mit Konflikten so umgehen können, daß sie uns nicht an der Erledigung unserer Aufgaben hindern.

Umgang mit Konflikten im Betriebsrat

Im Betriebsrat werden ganz sicher verschiedene Meinungen aufeinanderprallen. Verschiedene Meinungen darüber, wie ein Problem einzuschätzen ist, ob es gelöst werden soll und wenn ja, welcher Lösungsweg eingeschlagen werden soll. Es wird politische Streitigkeiten geben, besonders wenn innerhalb eines Betriebsrats verschiedene politische Fraktionen vertreten sind.

Konflikte sind nicht gleich Konflikte. Sie sind durch die *jeweilige* Situation bedingt und abhängig von den *jeweiligen* Konfliktparteien, die sich im Konflikt befinden. Im folgenden geht es um Anregungen zur Konfliktbewältigung im Gremium.

Bei Konflikten innerhalb des Betriebsrates handelt es sich um Auseinandersetzungen, Streitigkeiten, persönliche Animositäten unter *KollegInnen.*

Natürlich gibt es innerhalb eines Betriebsrates Konfliktstoff, der gesellschaftlich bedingt ist, wie z.B. Konflikte zwischen den Geschlechtern oder infolge der Nationalitätenzugehörigkeit. Hier gibt es also auch Konflikte um Macht und Privilegien. Im Verhältnis zum Arbeitgeber aber befinden sich alle Betriebsratsmitglieder in einer ähnlichen Position: Als Betriebsratsmitglieder haben sie die Interessen der abhängig Beschäftigten zu vertreten. Diese Interessen sind nicht die Interessen des Arbeitgebers. Konflikte mit dem Arbeitgeber sind von daher ganz anderen Ursprungs als Konflikte unter KollegInnen und liegen auf einer anderen Ebene. Konfliktbewältigung bedeutet im Verhältnis zum Arbeitgeber etwas anderes. Konflikte mit dem Arbeitgeber sind in der Regel keine Kommunikationsprobleme, bei denen es um sprachliche Mißverständnisse geht. Dieser Tatsache trägt auch das Gesetz Rechnung, indem es für die Konfliktlösung zwischen Betriebsrat und Arbeitgeber andere Mittel bereitstellt. Dazu im 5. Kapitel mehr. Mit den KollegInnen findet eine Konfliktklärung in der Regel im – wenn auch manchmal heftigen – Gespräch und damit kommunikativ statt.

Wenn nun Menschen zusammen sind, die sich in einer ähnlichen Situation befinden und zusammenarbeiten, bleibt es nicht aus, daß Konflikte auftreten. Konflikte sind hier Anzeichen für Situationen, die einer Änderung bedürfen. Dies müssen keine großartigen Veränderungen sein. Insoweit Konflikte Veränderungen anzeigen, sind sie immer auch eine Chance, ein besseres Gruppenklima, ein besseres Arbeitsergebnis zu erreichen.

Tip Um zu verstehen, wie es zu Konflikten kommt, sollte man sich vor Augen führen, daß jeder Mensch von der Wirklichkeit eine andere Wahrnehmung hat und seine Wirklichkeit entsprechend seiner Wahrnehmung selbst schafft oder – wie man sagt – konstruiert.

Im alltäglichen Sprachgebrauch ist immer wieder von objektiver Wahrnehmung die Rede. Dies ist nicht ganz richtig: Der Mensch kommt zu seinem Bild der Realität, indem er ganz subjektiv Informationen aufnimmt, auswählt und interpretiert.

Die moderne Sozialforschung ist sich darin einig, daß es sich bei der menschlichen Wahrnehmung vor allem um subjektive Konstruktion (selbsterzeugte Bilder) handelt. Das schließt nicht aus, daß wir häufig Übereinstimmungen mit anderen Menschen vorfinden – besser gesagt: uns auf Übereinstimmungen geeinigt haben. Es gilt in der modernen Wahrnehmungspsychologie als unbestritten, daß von den Informationen oder Reizen, die auf eine/n BeobachterIn/ZuhörerIn treffen, nur ein Bruchteil wahrgenommen werden (manche Forscher reden von nur ca. 1%). Im menschlichen Gehirn sind sozusagen Filter eingebaut, die es verhindern, zu viele Dinge gleichzeitig aufzunehmen. Infolgedessen kommt der Kenntnis der eigenen Wahrnehmungsfilter eine besondere Bedeutung zu. Hierzu gehören:

- körperliche und geistige Fähigkeiten (z. B. das Seh- oder Hörvermögen),
- Werte, Normen, Sitten, wie sie allgemein gesellschaftlich gelten,
- individuelle Prioritätensetzung, was Werte und Normen, Interessen und Bedürfnisse angeht,
- momentane Gefühlslagen, z. B. Angst, Freude, Wut (»vor Wut blind sein«),
- Interpretationen (Einpassung in vertraute Erklärungsmuster),
- Vorerfahrungen, Empfindungen (Anpassung an frühere Situationen).

Tip Wenn nun ein Konflikt im Raum steht, ist zunächst einmal zu klären, wie die Konfliktparteien den Konflikt wahrnehmen, wie ihre Interpretation des Konfliktes ist. Schon hier kann es große Unterschiede geben, und das Fatale ist, keine/r hat recht, die Wahrheit liegt im wahrsten Sinn des Wortes in der Mitte. Und die Wahrheit ist in diesem Fall die Konfliktlösung oder anders ausgedrückt: die Tatsache, daß sich die beiden Konfliktparteien von ihrem alleinigen Anspruch auf den Besitz der Wahrheit lösen. Von daher gibt es in der Konfliktlösung zwischen Gleichen keine Sieger oder Verlierer.

Voraussetzung für die Klärung eines Konfliktes ist, daß
- der Streit echt ist (keine Angriffe aus dem Hinterhalt, explosionsartiges Ablassen von Aufgestautem, keine Nichtigkeiten);
- der Streit fair geführt wird (keine Beleidigungen; Vorsicht Gürtellinie!);
- der Streit ein Ziel hat (zumindest klären, wo die Positionsunterschiede liegen);
- der Streitanlaß aktuell ist (kein Schnee von gestern);
- der Streit ohne Zeugen geführt wird (im Gremium, nicht vor/in der Belegschaft).

(nach: Ury, W./Brett, J./Goldberg, S.: Konfliktmanagement, Frankfurt, 1991)

Tip

Um den **Kern von Konflikten** zu erfassen, sind folgende Fragen hilfreich:
- Um welche Streitfragen geht es den Konfliktparteien?
- Was ist der Streitgegenstand?
- Wie ist es zum Konfliktzustand gekommen?
- Was spielt sich gegenwärtig als Konfliktgeschehen ab?
- Wer streitet mit wem?
- Wie stehen die Parteien zueinander?
- Wie gehen die Streitparteien mit den gegenwärtigen Beziehungen um?
- Welche Zwänge schafft das Gremium/die Gruppe/die Organisation?
- Wie gestalten die Konfliktparteien informell die gegenseitigen Beziehungen?
- Worauf wollen die Konfliktparteien hinaus?
- Wozu begeben sie sich in den Konflikt? (Welchen Gewinn haben sie davon?)
- Was setzen sie dafür ein?
- Wie sehen sie grundsätzlich Konflikte?

(nach: Ury, W./Brett, J./Goldberg, S.: Konfliktmanagement, Frankfurt, 1991)

Tip

Nun geht es hier ja darum, wie in einer Gruppe Konflikte ausgetragen werden können. In einem **Konfliktgespräch in Gruppen** ist folgendes zu beachten:
- Versuch, sich in die Lage der anderen Konfliktbeteiligten zu versetzen;

- Offenheit und Aufgeschlossenheit für die Interessen und Argumente der anderen;
- darauf achten, daß alle gemeinsam an der Aufgabe arbeiten;
- daran denken, daß Konflikte konstruktiv nur bei Zufriedenheit aller Betroffenen gelöst werden können;
- keine Schuldzuweisungen, keine Suche nach Sündenböcken;
- keine Interpretation der Aussagen, sondern konkrete Nachfragen;
- Konflikte so schlichten, daß es keine VerliererInnen gibt;
- Emotionen nicht unterdrücken, sondern zulassen;
- aufmerksames Zuhören und Feedback (Rückmeldung);
- Konflikte als natürlichen Bestandteil der Zusammenarbeit mit anderen akzeptieren;
- sagen, was einen stört;
- Meinungen hierzu sammeln (keine Meinung ist besser als eine andere);
- Bedürfnisse/Interesse äußern;
- Wünsche formulieren;
- mögliche Lösungen sammeln;
- gemeinsame Lösung finden.

Sollte die Situation so verfahren sein, daß wir innerhalb des Gremiums selbst keine Konfliktlösung mehr finden, so sollten wir uns eine Auszeit nehmen und mit dem gesamten Gremium evtl. eine Klausur unter der fachmännischen Anleitung eines/einer externen Moderators/in durchführen.

Allerdings sollten wir uns immer vor Augen führen, daß wir im Betriebsrat eine Aufgabe zu lösen haben, die unsere ganze Konzentration und Energie erfordert und wir nicht zusammen sind, um eine Familie zu werden. Oberstes Ziel in der Konfliktlösung sollte sein, die Arbeitsfähigkeit des Gremiums herzustellen.

Der Betriebsrat im Zusammenspiel mit anderen betrieblichen und außerbetrieblichen Akteuren

Wenn wir nun den Innenraum des Betriebsrates verlassen und auf die anderen betrieblichen und außerbetrieblichen Handelnden schauen, so wird deutlich, daß sich der Betriebsrat hier auf sehr unterschiedlichen Bühnen zu bewegen hat. Die Rollen und Aufgaben, die er zu erfüllen hat, sind von ganz unterschiedlicher Qualität. Er hat sein Mandat von der Belegschaft und ist ihr Repräsentant, er hat andererseits mit dem Arbeitgeber nach dem Gesetz (§ 2 BetrVG) »vertrauensvoll zusammenzuarbeiten« und gewerkschaftliche Politiklinien mit betrieblichem Alltag zu verbinden. Auf allen diesen »Bühnen« ist er in unterschiedlicher Weise gefordert. Wir stellen im folgenden Handlungsmöglichkeiten und Rechte des Betriebsrates im Verhältnis zu den anderen Akteuren dar, wobei wir unseren Schwerpunkt auf das Verhältnis zur Belegschaft legen.

Betriebsrat und Belegschaft
Der Betriebsrat ist aus einem Teil der Belegschaft zusammengesetzt, ein Repräsentant der Belegschaft. Er hat jedoch die spezielle Aufgabe, die Interessen kollektiv zu vertreten und der Belegschaft als Mittler gegenüberzutreten. Diese Aufgabe kann er nur erfüllen, wenn er die Verhandlungsergebnisse kommuniziert und über seine Arbeit informiert und sie transparent macht. Kernpunkt seiner Arbeit wird von daher eine solide Informationspolitik sein.

Informationspolitik
Um informieren zu können, brauchen wir zweierlei: Informationen und Orte, an denen wir diese Informationen weitervermitteln können. Informationen sind nie neutral. Sie unterliegen immer einer Auswahl. Was wichtig und was unwichtig erscheint, ist eine sehr subjektive Sache. Mit Informationen wird deshalb immer Politik gemacht. Die verschiedenen Orte der Informationsbeschaffung und -weitergabe sind damit gleichzeitig eine Art »Bühne« zur Durchsetzung der Politik des Betriebsrates.

In der folgenden Abbildung sind die Orte der Informationsbeschaffung und Möglichkeiten der Informationsweitergabe aufgelistet

Abb. 15: Orte der Informationsbeschaffung und -weitergabe

<table>
<tr><th>Informationsbeschaffung</th><th>Informationsweitergabe</th></tr>
<tr><td>Arbeitgeber (bzw. seine Vertreter)</td><td></td></tr>
<tr><td></td><td>Betriebsratszeitung</td></tr>
<tr><td colspan="2">Rundgang im Betrieb</td></tr>
<tr><td colspan="2">Schwarzes Brett</td></tr>
<tr><td colspan="2">Betriebsversammlungen</td></tr>
<tr><td colspan="2">Abteilungsversammlungen</td></tr>
<tr><td colspan="2">Sprechstunden</td></tr>
<tr><td colspan="2">Gewerkschaft</td></tr>
<tr><td colspan="2">Netzwerke/Zusammenarbeit mit anderen Betriebsräten</td></tr>
<tr><td colspan="2">Presse</td></tr>
</table>

Die rechtlichen Möglichkeiten, Informationen vom **Arbeitgeber** zu erhalten, sind im Rahmen der unterstützenden Berechtigungen im 3. Kapitel aufgeführt. Von besonderer Bedeutung sind hier § 80 Abs. 2 BetrVG und die §§ 106–109 BetrVG.

Es bedarf hier eines kurzen Hinweises auf § 79 BetrVG. Mit dieser Vorschrift, die sich mit der Geheimhaltungspflicht beschäftigt, wird oft gedroht, sie spielt aber im betrieblichen Alltag keine entscheidende Rolle. Bei der Behandlung von Informationen, insbesondere bei

der Beschaffung und Verwertung, kann es nur dann zu Problemen mit dem Arbeitgeber kommen, wenn es sich um Betriebs- oder Geschäftsgeheimnisse handeln sollte. Betriebs- und Geschäftsgeheimnisse (darunter fallen zum Beispiel Kundenlisten, neue Produktentwicklungen), auf die es bei dieser Regelung ankommt, fallen grundsätzlich nicht in den Bereich der hier zu behandelnden Mitbestimmungsfragen nach dem Betriebsverfassungsgesetz. Weder im Betriebsratsgremium noch im Gesamtbetriebsrat oder Konzernbetriebsrat gibt es eine allgemeine Schweigepflicht, selbst nicht betroffenen KollegInnen gegenüber.
Am besten kann die Belegschaft natürlich auf **Betriebs- und Abteilungsversammlungen** unterrichtet werden (siehe hierzu §§ 42–46 BetrVG). Der Betriebsrat ist bei diesen Versammlungen Hausherr, er bestimmt den Ablauf der Verhandlungen und damit Inhalt sowie Art und Weise der Informationen.
Der Vorteil von Abteilungsversammlungen liegt dabei darin, daß hier ein kleiner Kreis zusammenkommt, was es den einzelnen erleichtert, ihre Meinung und Probleme auch tatsächlich zu äußern. Betriebs- und Abteilungsversammlungen stärken die eigene Verhandlungsposition des Betriebsrates und geben Auskunft über die Interessenlage.

Tip

Aus den Nachrichten wissen wir, daß nur ein geringer Prozentsatz der dort vermittelten Informationen tatsächlich »hängenbleibt«. Wenn wir eine Wirkung erzielen wollen, kommt es von daher bei der Vermittlung von Informationen entscheidend auf die Form an. An dieser Stelle deshalb einige Hinweise, die wir bei der Vermittlung von Informationen beachten sollten.

- Informationen sollen neu sein, um eine Herausforderung für die ZuhörerInnen darzustellen.
- Präsentation von Informationen:
  - Ist die Abfolge logisch?
  - Sind noch unbekannte Objekte anschaulich genug?
  - Sind Hilfsmittel visueller Art zur Hand?
  - Ist die Aufmerksamkeit durch verbale und nicht verbale Methoden auf das noch unbekannte Objekt gerichtet?
  - Wissen die AdressatInnen, worauf sie achten sollen?
- Demonstrationen mit Modellcharakter ermöglichen die Erfahrung von Neuem bei gleichzeitigem Anknüpfen an Vertrautes (»Wir lernen besser, was wir tun«).
- Motivieren: Interessante Aspekte hervorheben!
- Anwendungsmöglichkeiten aufzeigen!
- Interesse der AdressatInnen berücksichtigen!

Umgekehrt ist es für den Betriebsrat selbst notwendig, **Informationen aus der Belegschaft** zu bekommen, um so ein Stimmungsbarometer über die Probleme und Sorgen der KollegInnen zu erhalten.

Zunächst zu den möglichen Problemen, die in der Belegschaft auftreten können.

Diese Probleme und Sorgen können individueller Art sein, z. B. möchte ein/e Kollege/in gerne an einen anderen Arbeitsplatz versetzt werden oder eine Kollegin wird von einem Kollegen oder Vorgesetzten sexuell belästigt. Der Betriebsrat kann die Sorgen der einzelnen ArbeitnehmerInnen aufnehmen und versuchen, im Gespräch mit dem Arbeitgeber Abhilfe zu schaffen, wobei zu betonen ist, daß der Betriebsrat rechtlich die Probleme des/der einzelnen Kollegen/in nicht lösen kann. Wenn er die Sorgen einzelner KollegInnen mehrheitlich für berechtigt hält, kann er den Arbeitgeber auf Abhilfe drängen. Hier ist ein Einigungsstellenverfahren möglich.
Jedes Betriebsratsmitglied muß aber den Betroffenen deutlich machen, was es rechtlich durchsetzen kann und wo seine Grenzen liegen. Nur so erhält es seine Glaubwürdigkeit.
Die Probleme und Sorgen in der Belegschaft können sich auch auf Belegschaftsteile beziehen. In der Belegschaft selbst können Konflikte zwischen einzelnen Bereichen, Abteilungen, Gruppen entstehen, die das Arbeitsklima und natürlich die Arbeitsleistung erheblich verschlechtern.
Ursachen für Konflikte zwischen Gruppen innerhalb der Belegschaft können vielfältiger Art sein:
Sie können entstehen aus Fremdheit und Andersartigkeit, z. B. zwischen MigrantInnen und Deutschen, es können Probleme aus der Hierarchie entstehen, zwischen Vorgesetzten und Untergebenen, aus Bildungsunterschieden, wegen Neid, Mißgunst, politischen Differenzen, vermeintlichen bzw. tatsächlichen Privilegien, Geschlechterkonflikten usw. Oft wird dies nicht direkt geäußert, sondern der Konflikt spielt sich auf einer sogenannten Sachebene ab, liegt aber eigentlich auf der Ebene der Beziehungen zwischen den einzelnen Gruppen.
Um die Sorgen und Nöte der Beschäftigten, ihre Interessenlage und natürlich auch ihre Einschätzung unserer Politik im Betriebsrat zu erfahren, müssen die Betriebsratsmitglieder daher, um ihre Arbeit ordnungsgemäß leisten zu können, ständigen Kontakt zur Belegschaft halten. **Tip**

Dies ist vor allem durch einen **Rundgang im Betrieb** möglich, bei dem die KollegInnen am Arbeitsplatz direkt aufgesucht werden können. Eine gute Möglichkeit hierzu besteht darüber hinaus in der Sprechstunde des Betriebsrates, auf die wir hier etwas ausführlicher eingehen wollen.

Sprechstunde des Betriebsrats

Die Sprechstunde des Betriebsrats ist gesetzlich geregelt. **§ 39 BetrVG**
In § 39 BetrVG ist geregelt, daß der Betriebsrat während der Arbeits-

zeit Sprechstunden einrichten kann, wobei Zeit und Ort mit dem Arbeitgeber zu vereinbaren sind.
Der Besuch der Sprechstunde ist jedem freigestellt. Es darf keine Nachteile für den einzelnen geben.

Selbst wenn die Durchführung der Sprechstunde gesetzlich abgesichert ist, stellen sich hier doch einige Probleme. Wo soll die Sprechstunde stattfinden, wann sollen wir sie einrichten und vor allem: Wie gehen wir mit dem Beratungsbedarf der KollegInnen um? Schon der Ort für die Sprechstunde des Betriebsrats kann für die KollegInnen ein Problem darstellen. Befindet sich das Betriebsratsbüro z. B. auf der gleichen Etage wie die Räume der Geschäftsführung, so scheuen sich viele KollegInnen hier gesehen zu werden bzw. während der Arbeitszeit zur Sprechstunde zu gehen.

Tip Es ist Sache des Betriebsrates, die Selbstverständlichkeit von Sprechstunden herauszustellen, dies kann z. B. durch Erläuterungen während der Betriebsversammlung geschehen. Möglicherweise reicht dies aber zur Beruhigung ängstlicher KollegInnen nicht aus. In diesem Fall können wir z. B. die Sprechstunden so legen, daß sie sich mit Pausenzeiten überschneiden. Ängstliche KollegInnen können so ohne Abmeldung beim Vorgesetzten in der Sprechstunde erscheinen. Auch neugierige Nachfragen der KollegInnen werden vermieden.

Wenn nun alle diese Hürden beseitigt sind, ergeben sich in der direkten Beratung selbst Probleme. Schließlich ist keines der Betriebsratsmitglieder direkt darin ausgebildet, Beratungsgespräche zu führen (mit Ausnahme der Betriebsräte in den entsprechenden Einrichtungen wie z. B. Beratungsstellen o. ä.), und bei einigen Problemen werde ich inhaltlich möglicherweise passen müssen. Es ist nicht ehrenrührig, etwas nicht zu wissen und den KollegInnen mitzuteilen, wenn ich an meine Grenzen gestoßen bin. Als Mitglied im Betriebsrat bin ich InteressenvertreterIn und kein Supermensch. Und – die KollegInnen merken es ja doch, daß ich nicht alles weiß. Bei den Fragen, mit denen wir uns in der Sprechstunde konfrontiert sehen, wird es sich in der Regel um eine Mischung aus persönlichen Problemen und Fachproblemen handeln. Für uns heißt dies, wir müssen eine Art persönlicher Beratung, bei der es vorwiegend um die Person geht und eine Fachberatung, bei der es um ein bestimmtes Sachproblem, das bestimmt und gelöst werden soll, verbinden.

Hier einige Hilfen:

Tip Eine der wesentlichen Voraussetzungen ist, zuzuhören. Dies will gelernt sein, schließlich hat man selbst den Kopf voll von anderen Dingen, gerade noch ging es um eine Versetzung, dann geht es um Mobbing. Ich brauche, um zuhören zu können, vor allen Dingen für mich selbst eine Pause zwischen den Gesprächen. Sie muß nicht lang sein, aber ich muß ein Gespräch sozusagen für mich »abschließen«,

und dies ist nicht damit getan, daß der/die Kollege/in aus der Tür ist.
Für die Beratung selbst sind folgende Verhaltensweisen geeignet:

- ich stelle mich auf meine/n GesprächspartnerIn ein, versetze mich in ihre/seine Situation;
- ich sorge für eine entspannte Atmosphäre, vermeide Druck und Zwang;
- ich versuche, gegenseitiges Vertrauen herzustellen;
- ich zeige mein Interesse, indem ich mich ausschließlich meinem/r GesprächspartnerIn widme (nicht telefoniere oder ähnliches);
- ich vermeide möglichst alle Ablenkungen: kein Durchblättern von Papieren, zwischendurch kein Telefonieren ...;
- ich nehme mir Zeit, drängle nicht, sehe nicht immer wieder auf die Uhr;
- ich halte meine Gefühle im Zaum, auch wenn's schwerfällt, werde nicht rechthaberisch, bei Kritik bleibe ich beherrscht;
- ich versuche nicht, gleichzeitig zuzuhören und zu sprechen.

Tip

(nach: Antons, K.: Praxis der Gruppendynamik, Göttingen, 1992)

Betriebsrat und Arbeitgeber
Kaum habe ich meinen Rundgang durch den Betrieb beendet, komme von einer Abteilungsversammlung oder von einer Sprechstunde, schon ändert sich der Schauplatz, und ich sitze in einem Gespräch mit dem Arbeitgeber bzw. einem oder mehreren seiner VertreterInnen.

Zwischen Betriebsrat und Arbeitgeber wird nach § 2 BetrVG die **vertrauensvolle Zusammenarbeit** gefordert.
§ 2 lautet: *»Arbeitgeber und Betriebsrat arbeiten unter Beachtung der geltenden Tarifverträge vertrauensvoll und im Zusammenwirken mit den im Betrieb vertretenen Gewerkschaften und Arbeitgebervereinigungen zum Wohle der ArbeitnehmerInnen und des Betriebes zusammen.«*
Die Prinzipien des Sozialstaates verpflichten die Betriebsparteien zu sozialpflichtigem Handeln. Das Recht und die Pflicht der vertrauensvollen Zusammenarbeit bindet Betriebsrat und Arbeitgeber, es läßt aber selbstverständlich zu, Konflikte, die nicht gelöst werden konnten, mit den zur Verfügung stehenden gesetzlichen Mitteln auszutragen. In Absatz 2 wird deutlich gemacht, daß Arbeitskämpfe zwischen den Betriebsparteien ausgeschlossen sind – diese sind Sache der Tarifvertragsparteien. Arbeitgeber und Betriebsrat haben vielmehr für den Frieden im Betrieb zu sorgen und sicherzustellen, daß keine unterschiedliche Behandlung der Beschäftigten wegen Abstammung, Religion, Nationalität, Herkunft, politischer oder gewerkschaftlicher Betätigung oder Einstellung, wegen des Geschlechts oder des Alters erfolgt.
Man sieht, hier ist viel zu tun.

Wir möchten zusätzlich auf § 74 BetrVG verweisen. Arbeitgeber und Betriebsrat sollen demnach einmal im Monat zur Besprechung zusammentreten, und sie haben über strittige Fragen mit dem ernsten Willen zur Einigung zu verhandeln und Vorschläge zur Beilegung der Meinungsverschiedenheiten zu machen.
Die vertrauensvolle Zusammenarbeit kann und darf nicht geltendes Recht außer Kraft setzen. Vereinfacht ausgedrückt: Eine vertrauensvolle Zusammenarbeit kann nicht zu Lasten für die vom Betriebsrat zu vertretenden Beschäftigten erfolgen.
Aus § 2 BetrVG ergibt sich – und dies ist für den Betriebsrat besonders wichtig –, daß der Arbeitgeber keine vollendeten Tatsachen schaffen darf, die dem Mitbestimmungsrecht des Betriebsrates entgegenstehen. Der Hinweis auf § 2 BetrVG ist für den Arbeitgeber kein Freibrief und auch kein Druckmittel, mitbestimmungswidrige Maßnahmen durchzusetzen oder gar zu verlangen, daß der Betriebsrat etwa eine Klage gegen mitbestimmungswidrige Maßnahmen zurückzieht.

Das Verhältnis zum Arbeitgeber wird letztlich auch stark davon bestimmt sein, ob dieser tarifgebunden ist.

Betriebsrat und Gewerkschaft
Nach § 2 Abs. 1 BetrVG geht das Betriebsverfassungsgesetz auch von einem Zusammenwirken zwischen Betriebsrat und den im Betrieb vertretenen Gewerkschaften aus. Eine Gewerkschaft gilt dann als im Betrieb vertreten, wenn sie mindestens ein Mitglied nachweisen kann. D. h., die betriebliche Präsenz der Gewerkschaft ist an die gewerkschaftliche Mitgliedschaft der ArbeitnehmerInnen gebunden. Die Gewerkschaften bzw. ihre VertreterInnen haben u. a. zur Betreuung ihrer Mitglieder ein eigenes Zutrittsrecht zum Betrieb (§ 2 Abs. 2 BetrVG). Sie sind berechtigt, an Betriebs- und Abteilungsversammlungen teilzunehmen (§ 46 BetrVG) und können nach Einladung durch den Betriebsrat auch an Betriebsratssitzungen (§ 31 BetrVG) sowie an Wirtschaftsausschußsitzungen teilnehmen. Aus Art. 9 GG (Koalitionsfreiheit) ergibt sich, daß Gewerkschaftsvertreter für ihre Organisation werben können.
Die Betriebsratsmitglieder sind in ihrer gewerkschaftlichen Betätigung völlig frei. Sie können sich unabhängig von ihrer Verpflichtung im Betriebsrat gewerkschaftlich betätigen. Dieses ist ein Teil der Koalitionsfreiheit (siehe § 74 Abs. 3 BetrVG; weit über 80% der in der Legislaturperiode 1994 bis 1998 gewählten Betriebsratsmitglieder sind gewerkschaftlich organisiert). Damit kein Mißverständnis entsteht: natürlich braucht kein Betriebsratsmitglied in einer Gewerkschaft organisiert sein, allerdings erscheint es zur Erfüllung der Aufgaben mehr als zweckmäßig. Schon die Tatsache, daß ein großer Teil der Arbeitsverhältnisse durch Tarifverträge bestimmt und zum Teil

durch Betriebsvereinbarungen umgesetzt wird, verweist auf die Bedeutung gewerkschaftlicher Organisation.

Betriebsrat und außerbetriebliche Stellen

Der Betriebsrat hat seine Aufgaben überwiegend im Betrieb zu leisten, die Arbeit wird aber, unabhängig davon, ob es um überbetriebliche Entscheidungen geht, die Gesamt- bzw. Konzernbetriebsrat betreffen, über den Betrieb hinausreichen. Wenn es nämlich die konkrete Betriebsratsarbeit erfordert, muß der Betriebsrat Kontakt zu außerbetrieblichen Stellen aufnehmen, von denen hier nur einige genannt sein sollen.

Die Aufsichtsämter können und müssen eingeschaltet werden, wenn konkrete Anlässe hierzu bestehen. Zuvor aber sollte erst einmal eine betriebliche Verständigung mit dem Arbeitgeber erfolgen. Sollte keine Einigung erfolgen, sollten Betriebsrat und Arbeitgeber sich zusammen an die entsprechenden Ämter wenden, auf jeden Fall soll der Betriebsrat nicht ohne Grund nach außen gehen, und er soll dieses dem Arbeitgeber vorher mitteilen.

Das Arbeitsamt wird für die Betriebsratsarbeit von immer größerer Bedeutung werden, gerade im Hinblick auf mögliche Sozialpläne bei betrieblichen Veränderungen (Beschäftigungsgesellschaften, Kurzarbeit).

5. Wie können wir tun, was wir zu tun haben – Handlungs- und Durchsetzungsmöglichkeiten des Betriebsrats

Als Betriebsrat zu handeln heißt, grundsätzlich die Interessen der Belegschaft zu wahren und zu vertreten. Dies bedeutet, sie gegenüber den Interessen des Arbeitgebers auch ggf. im Konflikt durchzusetzen. Unabhängig davon, welche Form der Zusammenarbeit mit dem Arbeitgeber besteht, es geht immer um die Durchsetzung von Interessen und das heißt im Zweifelsfall um Konflikte. Über der Betriebsratsarbeit könnte als Motto stehen: »Sag dem Konflikt, daß ich komme.« Er ist nicht zu vermeiden. Konflikte aber verlangen, gelöst zu werden, und so geht es in der Auseinandersetzung mit dem Arbeitgeber immer wieder darum, eine Form der Kooperation zu finden. D. h. unabhängig davon, wie sich der Betriebsrat in seiner Strategie versteht, er wird immer sowohl kooperativ wie konfliktorisch handeln müssen. Dies ist durchaus ein Rollendilemma in der Betriebsratsarbeit. Selbst wenn die Zusammenarbeit mit dem Arbeitgeber auf einer noch so kooperativen Basis bestand, spätestens im Fall einer Betriebsschließung werden die Interessenunterschiede zwischen Arbeitgeber und Belegschaft offen auf der Hand liegen.
An dieser Stelle wollen wir deshalb einige allgemeine Konfliktlinien im Verhältnis Betriebsrat–Arbeitgeber skizzieren, um dann in einem zweiten Schritt die Konfliktlösungsmöglichkeiten, die dem Betriebsrat nach dem Gesetz zustehen – das Verfahrensrecht – vorzustellen.

Konfliktlinien zwischen Betriebsrat und Arbeitgeber

Konflikte können aus sehr unterschiedlichen Gründen entstehen. Bei der Eingrenzung von Konfliktursachen unterscheidet man zwischen subjektiven, die wir weiter oben im 4. Kapitel schon gesehen haben (Fremdheit, Machtmißbrauch usw.) und sogenannten objektiven Bedingungen, die zu Konflikten führen können. Damit sind hier Unterschiede in den Handlungsbedingungen von Betriebsrat/Belegschaft auf der einen Seite und Arbeitgeber auf der anderen Seite gemeint. Hierbei handelt es sich um Konflikte, die infolge unterschiedlicher Werte, Visionen, Ziele, aufgrund von Unterschieden im Organisationsaufbau und der -struktur, verschiedener Normen und Regeln bzw. infolge ihrer Verletzung, der unterschiedlichen Verfügung über Mittel und Ressourcen sowie aus den Aufgabenstellungen und Arbeitsabläufen selbst entstehen können.

Werte, Visionen, Ziele
In jedem Unternehmen oder Betrieb gibt es eine bestimmte Unternehmensphilosophie oder Unternehmenspolitik. Manchmal liegt diese tatsächlich gedruckt vor. Diese Vorstellungen haben wir für den Betriebsrat umschrieben mit seinem Selbstverständnis. Es ist unvermeidbar, daß hier Spannungen zwischen den Zielvorstellungen des Betriebsrats und der Geschäftsführung entstehen können. Das Selbstverständnis des Betriebsrats ist immer gespeist aus seiner Aufgabe und seiner Funktion, nämlich Interessenvertretung zu sein. Die Unternehmensphilosophie richtet sich darauf, mit der Unternehmenstätigkeit möglichst viel Gewinn zu erhalten, um im »internationalen Wettbewerb zu bestehen«.

Organisationsaufbau und -struktur
Die Struktur des Betriebsrates und sein »Organisationsaufbau« sind durch die gesetzlichen Bestimmungen vorgegeben. Wir haben in Kapitel 2 und 3 auf die Funktion von Betriebsräten hingewiesen. Durch die Einführung von Gruppenarbeit, Gruppensprechern und die Auflösung betrieblicher Hierarchien werden zunehmend die Gruppen selbst zum Ansprechpartner für die Betriebsleitung. Der Betriebsrat bleibt möglicherweise in den Verhandlungen zwischen einzelnen Gruppen und der Geschäftsführung außen vor oder wird gezielt ausgeschaltet. Andererseits werden innerhalb des Reorganisationsprozesses einzelne Betriebsratsmitglieder, meist die Vorsitzenden, in die sogenannten Steuerungsgruppen integriert und befinden sich damit in einem ständigen Arbeitszusammenhang mit den betrieblichen Führungskräften. Die Arbeitsorganisationsstrukturen zwischen Betriebsrat und innerbetrieblicher Arbeitsorganisation können sich so widersprechen, wenn der Betriebsrat nicht in Eigeninitiative nach neuen Handlungsmöglichkeiten sucht.

Normen und Regeln
Konflikte, die infolge von Norm- und Regelverletzungen entstehen, gehören zum täglichen Brot der Betriebsratsarbeit. Sei es, daß die Geschäftsführung nicht über die Einhaltung bestimmter Regeln wie z. B. Fristen oder mitbestimmungspflichtige Geschäfte Bescheid weiß, sei es, daß sie die durch das Betriebsverfassungsgesetz vorgegebenen Regeln bewußt außer acht läßt. (Normverletzungen treten natürlich auch auf seiten des Betriebsrates auf.)

Verfügung über Mittel und Ressourcen
Hier liegt der zentrale Konflikt zwischen dem Betriebsrat, als dem Repräsentanten der Belegschaft, der eben nicht über die Geldmittel und Ressourcen verfügt und dem Arbeitgeber. Nach dem Betriebsverfassungsgesetz wird der Betriebsrat ausdrücklich als vermögenslos (§ 40 BetrVG) definiert und besitzt keine Mitbestimmung in wirt-

schaftlichen Angelegenheiten, die die unternehmerische Freiheit in diesem Bereich einschränken würde. Änderungen im Betrieb entscheidet der Arbeitgeber allein.

Aufgaben und Arbeitsabläufe
Hierbei handelt es sich um ein klassisches Feld möglicher innerbetrieblicher Konflikte. Die Verhandlungen über Aufgaben und Arbeitsabläufe gehören zu den **Inhalten** der Arbeit des Betriebsrats.

Handlungsstrategien

Wenn der Betriebsrat einen Konflikt mit dem Arbeitgeber austrägt, muß er sich vorher im klaren darüber sein, welche Ziele er hat, welche Strategien er verfolgt, wer sich der Auseinandersetzung stellt – nicht jeder ist gleichermaßen konfliktfähig –, und er muß natürlich die Möglichkeiten kennen, die zum Weiterverhandeln führen.

Bevor der Betriebsrat in Verhandlungen geht, muß er deshalb eindeutig klären, welche Interessen er im Einzelfall verfolgen will. Wenn dies geschehen ist, muß überlegt werden, wie die Strategie der Verhandlungsführung aussehen soll. Hierzu gehört – wie schon vorher betont wurde –, sich auch darüber klar zu werden, wie eine mögliche rechtliche Durchsetzung dieser Rechte erfolgen soll. Die Rechtspositionen müssen vor der Verhandlung bestimmt werden. Je nach Aufgabenstellung hat der Betriebsrat zu prüfen, welches seine stärkste Position ist, die er nutzen kann. Erst dann sollte er prüfen, ob noch weitere in Frage kommen können. Diese Prüfung ist ein Teil der Verhandlungskompetenz. Die unterschiedliche Qualität der weiter oben genannten Berechtigungen sollte den Betriebsrat veranlassen, bei der Umsetzung seiner Politik zu beachten, wo die stärkeren und wo die schwächeren Positionen liegen. Mit anderen Worten, der Betriebsrat muß wissen, ob er eine Position besetzt, von der aus ein gewisser Druck auf den Arbeitgeber ausgeübt werden kann oder ob er sich »in einem geordneten Bettelverfahren« befindet.

Die Reihenfolge des Betriebsratshandelns, das den Konfliktfall nicht provoziert, aber miteinkalkuliert, lautet demgemäß:

- zuerst muß in einer konkreten betrieblichen Situation bestimmt werden, *welche Interessen der Betriebsrat als Gremium mehrheitlich verfolgen* will;
- danach sind die *Handlungsmöglichkeiten,* entsprechend der Wertigkeit der *Berechtigungen* in der Reihenfolge Mitbestimmung, unterstützende Berechtigung, formale Berechtigung zu bestimmen;
- hiernach sind die sich *daraus ergebenden Verfahrensmöglichkeiten* auszusuchen;

- letztlich sind dann der *Handlungsplan* festzulegen und die notwendigen Beschlüsse unter Beachtung der Formalien zu fassen.

Nehmen wir ein Beispiel:

> Eine Gleitzeitregelung soll für eine bestimmte Zahl von MitarbeiterInnen in einem Teilbereich des Betriebes unter festgelegten Bedingungen eingeführt werden. Die Handlungsmöglichkeiten ergeben sich im betriebsverfassungsrechtlichen Bereich aus den im 3. Kapitel beschriebenen Berechtigungen. Da die Gleitzeitregelung im Beispielsfall unter § 87 Abs. 1 Ziffer 2 BetrVG fällt (Beginn und Ende der Arbeitszeit einschließlich der Pausen), also unter die Berechtigung Mitbestimmung, kann der Arbeitgeber die Einführung der Gleitzeitregelung nicht einseitig ohne den Betriebsrat, der auch die Einigungsstelle anrufen kann, vornehmen.

Handlungsmöglichkeiten zu nutzen hieße hier, dem Arbeitgeber einen Vorschlag für eine Betriebsvereinbarung vorzulegen und – sollte die Verhandlung scheitern – ihm eine betriebliche Schlichtung vorzuschlagen.
Das bedeutet, der Betriebsrat muß Beschlüsse fassen, um diese Handlungsmöglichkeiten nutzen zu können.
Alle Handlungen des Betriebsrates bedürfen einer Erklärung gegenüber der Belegschaft. Diese muß informiert werden. Wenn wir im Betriebsrat die verschiedenen Möglichkeiten und Verfahren der Konfliktbewältigung mit dem Arbeitgeber perfekt nutzen können, so hilft uns dies gar nichts, wenn wir hierüber nicht mit der Belegschaft kommunizieren, unsere Erfolge, aber auch Mißerfolge transparent machen, kurz: wenn wir nicht mit einer aktiven Informationspolitik uns die Unterstützung der Belegschaft sichern. Der Betriebsrat braucht eine gute Informationspolitik.
Die grundsätzliche Frage bei der Festlegung einer Handlungsstrategie lautet,
wie sollen wir in einem je spezifischen Fall verfahren,
oder
welches Verfahren wählen wir?

Verfahrensrecht

Im folgenden werden nun die Handlungsmöglichkeiten dargestellt, die sich aus dem Verfahrensrecht ergeben, um unsere Rechte und Interessen als Betriebsrat durchzusetzen.

Das Einigungsstellenverfahren

Im obigen Beispielfall würde das sogenannte Einigungsstellenverfahren greifen. Das **Einigungsstellenverfahren** ist im Betriebsverfassungsgesetz unter § 76 geregelt. Der Betriebsrat schlägt einen Vorsitzenden vor – dies wird in der Regel ein Arbeitsrichter sein – und bestimmt die Hälfte der Beisitzer. Dies können Betriebsratsmitglieder, Gewerkschaftsvertreter, Rechtsanwälte oder andere Experten sein. Die andere Hälfte der Beisitzer wird vom Arbeitgeber bestimmt.

Abb. 16: Einigungsstelle

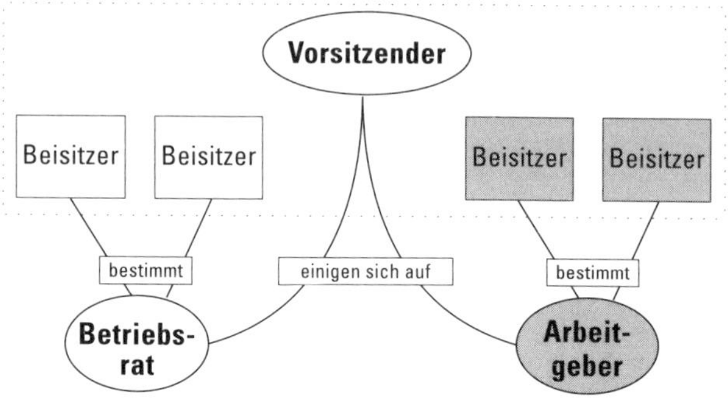

(Quelle: DGB Bildungswerk)

Sollte in der Einigungsstelle unter der Moderation des Vorsitzenden keine einvernehmliche Einigung – oftmals ein Kompromiß – erzielt werden, wird abgestimmt. Wenn die Beisitzer beider Seiten kein Mehrheitsergebnis zustande bekommen, gibt die Stimme des Vorsitzenden den Ausschlag. In diesem Verfahren kommt es sehr stark auf die Verhandlungsfähigkeit der vom Betriebsrat bestimmten Beisitzer an.

Das Ergebnis der Verhandlung ist eine Betriebsvereinbarung. Diese Betriebsvereinbarung wird, wenn eine Einigung erzielt wird, vom Betriebsrat und dem Arbeitgeber unterschrieben (s. hierzu unter § 77 BetrVG). Kommt eine derartige Einigung nicht zustande, entscheidet die Einigungsstelle durch Spruch, d. h. durch eine Mehrheitsentscheidung. Dieser Spruch ersetzt die Einigung zwischen Arbeitgeber und Betriebsrat, stellt also ebenfalls eine Betriebsvereinbarung dar.

Sollte der Arbeitgeber gar keine Einigungsstelle wollen, dann besteht die Möglichkeit, dieses Verfahren in den Bereichen, wo dieses im Betriebsverfassungsgesetz vorgesehen ist, beim Arbeitsgericht auf Antrag zu erzwingen. Damit kommen wir zu den Verfahren, die man als Gerichtsverfahren bezeichnet.

Die Gerichtsverfahren

Jede streitbare Auseinandersetzung setzt die Einigkeit des Betriebsrates voraus. Der Betriebsrat muß vor einem möglichen Verfahren alle Konsequenzen der Entscheidung für ein Gerichtsverfahren diskutieren, um dann nach der Beschlußfassung mit einer klaren Linie dem Arbeitgeber und den eigenen Beschäftigten gegenüberzutreten. Die Problematik eines Gerichtsverfahrens sollte offen im Betrieb diskutiert werden. Warum beispielsweise nicht auf einer Betriebsversammlung? Gerichtsverfahren sind keine geheimnisvollen Vorgänge, sondern mögliche Teile von Betriebsratshandeln.

Gerichtliche Auseinandersetzungen als letztes Mittel des Betriebsrates bedeuten nicht, daß man mit dem Arbeitgeber nicht weiter vertrauensvoll zusammenarbeitet. Gerichtsverfahren sind Konfliktlösungsmöglichkeiten, die der Gesetzgeber vorgesehen hat. Sie sind nicht anrüchig und nicht verboten. Vor, in und nach der Gerichtsverhandlung müssen sich Betriebsratsmitglieder und Arbeitgeber noch weiter in die Augen sehen können.

Im folgenden werden nur kurz die Möglichkeiten des Beschlußverfahrens (Streitigkeiten zwischen Betriebsrat und Arbeitgeber) dargestellt. Auf die Darstellung des Urteilsverfahrens (z. B. Streitigkeiten zwischen Arbeitnehmer und Arbeitgeber) wird bewußt verzichtet. Die Unterschiede in den Verfahrensformen lassen sich aus Abb. 17 ersehen.

Der Schauplatz von Gerichtsverfahren ist das Arbeitsgericht. Das Arbeitsgericht am Sitz des Betriebes ist für Verfahren zuständig. Wir brauchen keine Angst vor Gerichten zu haben. Die Gerichtsvorsitzenden sind Arbeitsrechtler, ihre Beisitzer kommen aus den Betrieben und Dienststellen (im öffentlich-rechtlichen Bereich) und verstehen etwas von der Materie.

Grundsatz für das arbeitsrechtliche Beschlußverfahren, d. h. für das Verfahren über betriebsverfassungsrechtliche Streitigkeiten, ist: Das Gericht entscheidet im Rahmen der gestellten Anträge der Beteiligten und ermittelt den zugrundeliegenden Sachverhalt von Amts wegen.

Das Verfahren ist im Arbeitsgerichtsgesetz (ArbGG) geregelt, das Beschlußverfahren in §§ 80–98 ArbGG. Die am Verfahren Beteiligten heißen »Beteiligte«, wer etwas will, heißt »Antragsteller«, und der, von dem etwas verlangt wird, heißt »Antragsgegner«. Das gerichtliche Ergebnis wird »Beschluß« genannt. Der allgemeine Grundsatz des Arbeitsgerichtsverfahrens (§ 57 Abs. 2 ArbGG), in jeder Phase des Gerichtsverfahrens auf eine gütliche Einigung hinzuwirken, gilt auch im Beschlußverfahren, obwohl eine gesonderte Güteverhandlung hier nicht vorgesehen ist.

Die gütliche Einigung im Verfahren ist eher die Regel als die Ausnahme.

Abb. 17: Die Arbeitsgerichte nach § 14 Arbeitsgerichtsgesetz

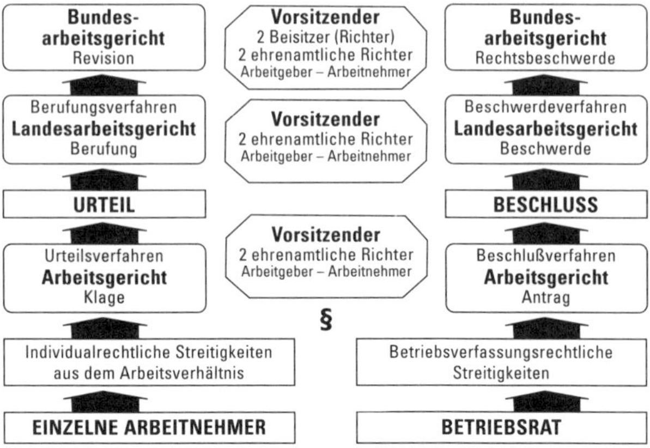

(nach: Kraushaar, Karl: Recht der Arbeitnehmer im Betrieb. Schriftenreihe der Fachhochschule Frankfurt, 1991)

Nun zu den Hauptverfahren. Wir unterscheiden

- das Bestellungsverfahren der Einigungsstelle gem. § 98 ArbGG,
- das Verfahren der Einstweiligen Verfügung gem. § 85 ArbGG,
- das besondere Beschlußverfahren gemäß § 23 Abs. 3 BetrVG und
- das allgemeine Beschlußverfahren gemäß § 80 ArbGG.

Die Verfahren sind von unterschiedlicher Wertigkeit und Bedeutung, die Zeitdauer ist unterschiedlich.

Bestellungsverfahren Einigungsstelle

Dieses Verfahren dient der Einrichtung einer Einigungsstelle, wenn der Arbeitgeber insbesondere die Mitbestimmung des Betriebsrats bestreitet, er keinen Regelungsbedarf sieht oder – wie schon oben dargestellt wurde – die Verhandlungen über eine Betriebsvereinbarung gescheitert sind. Das Bestellungsverfahren kommt auch dann in Betracht, wenn sich Arbeitgeber und Betriebsrat nach Scheitern der Verhandlung nicht auf einen Vorsitzenden bzw. die Zahl der Beisitzer geeinigt haben. Da normalerweise eine Einigungsstelle als Dauereinrichtung nicht besteht (siehe § 76 Abs. 1 BetrVG), muß die Einigungsstelle über ein Gerichtsverfahren dann eingerichtet werden, wenn eine freiwillige Einigung nicht erfolgt ist.

Dieses Verfahren schafft die Voraussetzung für die Fortsetzung der Verhandlung. Es ist rechtlich einfach gestaltet, das Gericht prüft nur, ob die einzurichtende Einigungsstelle nicht offenkundig unzuständig ist. Es findet nur eine Pauschalprüfung statt. Ob und inwieweit die

Einigungsstelle für die Gestaltung des rechtlichen Problems zuständig ist, prüft die Einigungsstelle selbst, nicht das einsetzende Gericht.

Einstweilige Verfügung

Die Einstweilige Verfügung dient dazu, dem Arbeitgeber zu verbieten, in mitbestimmungspflichtigen Angelegenheiten Handlungen vorzunehmen, die er mit dem Betriebsrat vorher nicht ordnungsgemäß besprochen und beraten hat.

Beispiel: Der Arbeitgeber kündigt an, er werde am kommenden Sonnabend Überstunden für mehrere Mitarbeiter anordnen, und zwar ohne Rücksicht darauf, was der Betriebsrat (er hat hier Mitbestimmung gemäß § 87 Abs. 1 Ziffer 3 BetrVG) dazu sagen würde. Wenn der Betriebsrat eine Regelung mit dem Arbeitgeber vor Ablauf des Sonnabends erreichen will, kann er im Schnellverfahren – der Einstweiligen Verfügung – ein Verbot durchsetzen.

Das Gericht trifft bei der Einstweiligen Verfügung, die ohne mündliche Verhandlung entschieden werden kann, nur eine vorläufige Regelung, um die Verhandlungen offenzuhalten.

Es muß sich um eine klare Rechtslage zugunsten des Betriebsrates handeln. Da das Gericht sofort entscheiden muß, ohne den Sachverhalt lange nachprüfen zu können, müssen die Tatsachen für den geltend gemachten Anspruch durch Urkunden oder eidesstattliche Versicherungen, durch präsente Beweismittel nachgewiesen werden.

Verfahren gemäß § 23 Abs. 3 BetrVG

Dieses Verfahren dient dazu, sich wiederholende Verstöße des Arbeitgebers gegen Rechte des Betriebsrates für die Zukunft zu verhindern.

Kennzeichen dieses Verfahrens ist, konkret festgehaltene Verstöße für die Zukunft auszuschließen. Dieses Verfahren ist dann zu empfehlen, wenn der Betriebsrat festgestellt hat, daß der Arbeitgeber häufiger gegen das Gesetz verstoßen hat, ohne daß dieser Verstoß »geheilt« werden konnte.

Beispiel: Der Betriebsrat erfährt regelmäßig am Montag, daß am vorangegangenen Sonnabend wieder einmal ohne seine Beteiligung Überstunden gemacht worden sind.

Die rechtskräftige gerichtliche Entscheidung, daß dieses in Zukunft zu unterlassen sei, gibt dem Betriebsrat eine Handhabe gegenüber dem nicht rechtsgetreuen Arbeitgeber.

Der Betriebsrat kann dann einen Antrag auf Verhängung eines Ordnungsgeldes stellen, aber er muß es natürlich nicht.

Beschlußverfahren
Man unterscheidet zwischen dem allgemeinen Beschlußverfahren und dem Beschlußverfahren im Bereich der personellen Mitbestimmung.

Das **allgemeine Beschlußverfahren** (geregelt in den §§ 80ff. ArbGG) soll Rechtsklarheit bei Streitigkeiten aus dem Betriebsverfassungsgesetz herstellen.

Beispiel: Es ist strittig, ob ein/e ArbeitnehmerIn leitende/r Angestellte/r nach dem Betriebsverfassungsgesetz ist oder nicht. Dieser »Status« des/der ArbeitnehmerIn kann vom Gericht geklärt werden.

Dieses Verfahren ist relativ langwierig und ergibt keine schnelle Handlungsumsetzung für den Betriebsrat.

Eine größere Bedeutung hat das **Beschlußverfahren im Bereich der personellen Mitbestimmung.**
Bei personellen Maßnahmen hat der Betriebsrat gemäß § 101 BetrVG die Möglichkeit, ein Beschlußverfahren einzuleiten, wenn der Arbeitgeber gegen den Willen des Betriebsrates personelle Maßnahmen gemäß §§ 99, 100 BetrVG durchsetzen will.

Beispiel: Der Arbeitgeber versetzt eine/n ArbeitnehmerIn von einer Abteilung des Betriebes in eine andere unter völlig veränderten Arbeitsbedingungen, ohne den Betriebsrat vorher um Zustimmung zu bitten. Der Betriebsrat kann dann verlangen, daß diese Maßnahme in einem Beschlußverfahren rückgängig gemacht wird.

Die Umsetzung dieses Verfahrens erfolgt jedoch erst nach Rechtskraft.

Für alle Verfahren gilt:
- klare Benennung des Streitgegenstandes,
- Erteilung einer ordnungsgemäßen Vollmacht,
- Beauftragung eines Rechtsvertreters (in der Regel über die Gewerkschaft/DGB),
- ordnungsgemäße Beschlüsse.

Strafvorschriften
Zu guter Letzt sollen die Strafvorschriften der §§ 119–121 BetrVG (Straftaten gegen Betriebsverfassungsorgane und ihre Mitglieder) hier der Vollständigkeit halber erwähnt werden. Sie sollten bei einem normalen Ablauf der Betriebsratsarbeit zwischen Arbeitgeber und Betriebsrat keine Rolle spielen.
Diese Vorschriften geben für den Betriebsrat letztlich keine Handlungsmöglichkeiten zur Lösung von Problemen. Ein entsprechender

Antrag des Betriebsrates sollte daher nur im Notfall und nach sorgfältiger Beratung gestellt werden.

Wie sind wir gesichert – Schutz- und Haftungsfragen

Ich habe als Betriebsratsmitglied eine exponierte Stellung mit der Konsequenz, daß ich angreifbar bin. Besonders bei Streitpunkten mit dem Arbeitgeber, anstehenden Konflikten und Drohungen des Arbeitgebers, beschleicht mich vielleicht manchmal insgeheim die Frage, wie sicher bin ich eigentlich in meiner Position als Betriebsratsmitglied?

Ich habe als Betriebsratsmitglied einen besonderen **Kündigungsschutz** (dieser gilt auch für Ersatzmitglieder, wenn sie tätig werden, z.B. einen erkrankten Betriebsratskollegen vertreten). Aus § 103 BetrVG ergibt sich, daß Betriebsratsmitglieder nur mit der Zustimmung des Betriebsratsgremiums gekündigt werden können, und zwar nur aus wichtigem Grund (§ 626 BGB). Weitere Einzelheiten s. unter § 15 KSchG.
Wenn das Betriebsratsgremium sich einig ist, erscheint eine Zustimmung zu der Kündigung eines Mitgliedes fast ausgeschlossen. Erteilt der Betriebsrat seine Zustimmung nicht, kann der Arbeitgeber erst nach rechtskräftigem Obsiegen in einem Beschlußverfahren eine Kündigung aussprechen.
Der Kündigungsschutz, d.h. nur Kündigung aus wichtigem Grund, gilt nachwirkend noch ein Jahr nach Beendigung des Betriebsratsamtes. Dieses gilt für Ersatzmitglieder jeweils für ein Jahr nach einem Tätigwerden im Vertretungsfall.
Dieser Kündigungsschutz, der in einigen Varianten für andere Mandatsträger des Betriebsverfassungsgesetzes gilt, ist kein Freibrief für Betriebsratshandeln, sondern notwendiger Schutz für die ordnungsgemäße Mandatsausübung.

Oft hat ein Betriebsratsmitglied Angst, für seine Handlungen persönlich haftbar gemacht zu werden. Diese Angst ist unbegründet, wenn ich mich als Betriebsratsmitglied im Rahmen des Betriebsverfassungsgesetzes bewege und die mir zur Verfügung stehenden Rechte nutze. Dies gilt selbstverständlich bei der Umsetzung von Betriebsratsbeschlüssen oder bei der Durchführung der vom Betriebsrat beschlossenen Aufgaben. Es kann dann keine persönliche Haftung geben.

Beispiel: Im Bereich der Einstweiligen Verfügung heißt es in § 85 Abs. 2 ArbGG ausdrücklich, daß es einen Schadensersatzanspruch des Arbeitgebers gegen den antragstellenden Betriebsrat und seine Mitglieder in Angelegenheiten des

Betriebsverfassungsgesetzes nicht gibt. Dieses gilt für den Fall, daß der Betriebsrat per Gerichtsentscheidung eine Handlung des Arbeitgebers verboten hat und dem Arbeitgeber ein wirtschaftlicher Schaden entstanden sein sollte.

Wichtige Adressen

Bei folgenden Adressen könnt Ihr Unterlagen und Informationen für die Bildungsplanung anfordern:

DGB Bildungswerk e.V.
Hans-Böckler-Str. 39
40476 Düsseldorf
Tel.: 0211/4301-462
Fax: 0211/4301-500

DGB Bildungszentrum Hamburg-Sasel
Saselbergweg 63
22395 Hamburg
Tel.: 040/606706-0
Fax: 040/606706-50

DGB Bildungszentrum Hattingen
Am Homberg 46–50
45529 Hattingen/Ruhr
Tel.: 02324/508-0
Fax: 02324/508-300

DGB Bildungszentrum Niederpöcking
Ferdinand-von-Miller-Str. 7
82343 Pöcking
Tel.: 08151/2699-0
Fax: 08151/2699-222

DGB Bildungswerk in der ÖTV-Bildungsstätte
Auf den Rödern 4
07318 Saalfeld
Tel.: 03671/551017
Fax: 03671/551040

IQ-Consult
gemeinnützige Beratungsgesellschaft für Innovation und Qualifikation mbH
Hans-Böckler-Str. 39
40476 Düsseldorf
Tel.: 0211/4301-380
Fax: 0211/4301-398

IG Metall – Vorstand –
Lyoner Straße 32
60528 Frankfurt a.M.
Tel.: 069/6693-0
Fax: 069/6693-2843

Bildungsstätte Bad Orb
Würzburger Straße 51
63619 Bad Orb
Tel.: 06052/890
Fax: 06052/8952

Bildungsstätte Berlin
Am Pichelsee 30
13595 Berlin
Tel.: 030/362040
Fax: 030/3520100

Bildungsstätte Lohr
Willi-Bleicher-Straße 1
97816 Lohr am Main
Tel.: 09352/5060
Fax: 09352/506157

Bildungsstätte Sprockhövel
Otto-Brenner-Straße 100
45549 Sprockhövel
Tel.: 02324/7060
Fax: 02324/706330

IG Bergbau-Chemie-Energie – Vorstand –
Postfach 3047
30030 Hannover
Tel.: 0511/7631-0

Wilhelm-Gefeller-Bildungszentrum
Deisterallee 44
31848 Bad Münder
Tel.: 05042/6010
Fax: 05042/60195

Gewerkschaft Öffentliche Dienste, Transport und Verkehr – Hauptvorstand –
Theodor-Heuss-Straße 2
70174 Stuttgart
Tel.: 0711/2097-0
Fax: 0711/2097-462

Bildungs- und Begegnungszentrum der ÖTV
Koblauckstraße 1–3
14109 Berlin
Tel.: 030/80520-61
Fax: 030/8051125

ÖTV-Bildungsstätte »Kochelsee«
Badstraße 26–28
82431 Kochel am See
Tel.: 08851/92010
Fax: 08851/920192

Michael-Rott-Schule
Am Wasserturm
74821 Mosbach
Tel.: 06261/9420
Fax: 06261/942102

ÖTV-Bildungsstätte Niedersfeld
In der Burbecke 15
59955 Winterberg-Niedersfeld
Tel.: 02985/8090
Fax: 02985/1229

ÖTV-Bildungsstätte Saalfeld
Auf den Rödern 4
07318 Saalfeld
Tel.: 03671/531202
Fax: 03671/531203

Gewerkschaft Handel, Banken und Versicherungen – Hauptvorstand –
Kanzlerstraße 8
40472 Düsseldorf
Tel.: 0211/9040-0
Fax: 0211/9040-888

hbv-Kommunikations-, Verlags- und Bildungsgesellschaft mbH
Kanzlerstraße 8
40472 Düsseldorf
Tel.: 0211/90460
Fax: 0211/9046818

IG Medien – Hauptvorstand –
Friedrichstraße 15
70174 Stuttgart
Tel.: 0711/2018-0
Fax: 0711/2018-282

Schulungs- und Erholungsheim Springen Bildungswerk der IG Medien e.V.
Am Geisberg
65321 Heidenrod-Springen
Tel.: 06124/519-0
Fax: 06142/519-90

Institut für Arbeitnehmerbildung »Heinrich Hansen« der IG Medien
Teutoburger-Wald-Straße 105
32791 Lage-Hörste
Tel.: 05232/80490
Fax: 05232/804962

Gewerkschaft Erziehung und Wissenschaft – Hauptvorstand –
Reifenberger Straße 21
60489 Frankfurt a.M.
Tel.: 069/78973-0
Fax: 069/78973-201

IG Bauen-Agrar-Umwelt – Hauptvorstand –
Postfach 500651
60423 Frankfurt
Tel.: 069/95737-0

Bildungsstätte der IG Bauen-Agrar-Umwelt
Waldstraße 31
61449 Steinbach
Tel.: 06171/7020
Fax: 06171/702444

Gewerkschaft der Eisenbahner Deutschlands – Hauptvorstand –
Beethovenstraße 12–16
60325 Frankfurt a.M.
Tel.: 069/7536-0
Fax: 069/7536-222

Bildungs- und Jugenderholungsgesellschaft der GdED mbH
Beethovenstraße 12–16
60325 Frankfurt a.M.
Tel.: 069/7536348

Deutsche Postgewerkschaft – Hauptvorstand –
Rhonestraße 2
60528 Frankfurt a. M.
Tel.: 0 69/66 95 - 0
Fax: 0 69/6 66 69 41/2

Deutsche Postgewerkschaft Schulungs- und Erholungsheim »Haus Brannenburg«
Schrofenstraße 34
83098 Brannenburg/Obb.
Tel.: 0 80 34/20 80

Gewerkschaft der Polizei – Bundesvorstand –
Forststraße 3 a
40721 Hilden
Tel.: 02 11/71 04 - 0
Fax: 02 11/71 04 - 2 22

Gewerkschaft Nahrung-Genuß-Gaststätten – Hauptvorstand –
Haubachstraße 76
22765 Hamburg
Tel.: 0 40/3 80 13 - 0
Fax: 0 40/3 89 26 37

Gewerkschaft Textil-Bekleidung
Postfach 32 04 60
40419 Düsseldorf
Tel.: 02 11/43 09 - 0

HBS Hans-Böckler-Stiftung
Mitbestimmungsförderung
Bertha-von-Suttner-Platz 3
40227 Düsseldorf
Tel.: 02 11/7 77 81 98
Fax: 02 11/7 77 81 20

Deutsche Postgewerkschaft Schulungs- und Erholungsheim »Haus Walsrode«
Sunderstraße 120
29664 Walsrode
Tel.: 0 51 61/30 81

Deutsche Postgewerkschaft Schulungs- und Erholungsheim »Haus Wasserfall«
Lierbachstraße 11
77728 Oppenau
Tel.: 0 78 04/6 06

Bildungszentrum Oberjosbach
An der Eiche 12
65527 Niedernhausen-Oberjosbach
Tel.: 0 61 27/30 25
Fax: 0 61 27/7 89 59

Bildungszentrum WBS
37688 Beverungen
Tel.: 0 52 73/3 61 40
Fax: 0 52 73/36 14 13

Bildungszentrum Gladenbach der DPG
Schloßallee 33
35075 Gladenbach
Tel.: 0 64 62/91 80 50
Fax: 0 64 62/91 80 80

Weiterführende Literatur

Zum Arbeitsrecht

Däubler, W./Kittner, M./Klebe, T. (Hrsg.): Betriebsverfassungsgesetz mit Wahlordnung, Kommentar für die Praxis, Frankfurt 1998, Bund-Verlag

Fitting, K./Kaiser, H./Heither, F./Engels, G.: Betriebsverfassungsgesetz mit Wahlordnung, Handkommentar, München 1996, Verlag Franz Vahlen

Fricke, W./Grimberg, H./Wolter, W. (Hrsg.): Die kleine Betriebsrats-Bibliothek, Bände 1–8, Köln, Ausgaben zwischen 1991 und 1997, Bund-Verlag

Gnade, A./Kehrmann, K./Schneider, W./Blanke, H./Klebe, T.: Betriebsverfassungsgesetz, Basiskommentar mit Wahlordnung, Köln 1997, Bund-Verlag

Kittner, M.: Arbeits- und Sozialordnung, Ausgewählte und eingeleitete Gesetzestexte, Frankfurt 1998, Bund-Verlag

Kraushaar, K.: Recht der Arbeitnehmer im Betrieb, Schriftenreihe der Fachhochschule, Frankfurt 1991

Schaub, G.: Arbeitsrechts-Handbuch, München 1992, Verlag C. H. Beck

Schoof, C.: Betriebsratspraxis von A–Z, Das Handwörterbuch für die betriebliche Interessenvertretung, Frankfurt 1998, Bund-Verlag

Fachzeitschriften (erscheinen monatlich)

Arbeitsrecht im Betrieb, Zeitschrift für Betriebsratsmitglieder, Köln, AiB-Verlag

Arbeit und Recht, Zeitschrift für Arbeitsrechtspraxis, Köln, AiB-Verlag

Computer, Fachwissen für Betriebs- und Personalräte, Frankfurt a. M., Bund-Verlag

Der Personalrat, Zeitschrift für das Personalrecht im öffentlichen Dienst, Frankfurt a. M., Bund-Verlag

Soziale Sicherheit, Zeitschrift für Arbeitsmarkt- und Sozialpolitik, Frankfurt a. M., Bund-Verlag

Softwareempfehlung

Arbeitsrecht im Betrieb, Leitsatzdatenbank aller in AiB veröffentlichten Gerichtsentscheidungen von 1980 bis 1996, Köln, Ausgabe 1997, AiB-Verlag

Schoof, C.: Betriebsratspraxis von A–Z für Windows, Computerunterstützte Beratung des Betriebsrats, Frankfurt 1997, Bund-Verlag

Zum Thema: Betriebsräte

Sofsky, W./Paris, R.: Figurationen sozialer Macht, Autorität – Stellvertretung – Koalition, Frankfurt 1994, Stw

Kotthoff, H.: Betriebsräte und Bürgerstatus – Wandel und Kontinuität betrieblicher Mitbestimmung, München 1994, Rainer Hampp Verlag

Zur Entwicklung von Gruppen

Langmaack, B./Braune-Krikau, M.: Wie die Gruppe laufen lernt – Anregungen zum Planen und Leiten von Gruppen, München 1989, Psychologie-Verlagsunion

Fox, J.: J. L. Moreno: Psychodrama und Soziometrie, Köln 1989, Edition humanistische Psychologie

Antons, K.: Praxis der Gruppendynamik, Übung und Techniken, Göttingen 1992, Hogrefe-Verlag für Psychologie

Rabenstein, R.: Lernen kann auch Spaß machen! – Einstieg, Aktivierung, Reflexion: Themen bearbeiten in Gruppen, Münster 1989, 3. Auflage, Ökotopia Verlag

Vopel, K.: Die Teammitglieder, themenzentriertes Teamtraining Teil I und Teil II, Salzhausen 1994

ders.: Handbuch für Gruppenleiter, Hamburg 1975

Rehbock, A.: Bildung be-greifen. Soziale Kompetenz in der Qualifizierung von ehrenamtlichen und hauptamtlichen FunktionsträgerInnen. In: Richert, J.: Subjekt und Organisation, Münster 1994, Verlag Dampfboot

Zur Arbeitsorganisation

Stroebe, R.: Arbeitsmethodik I. In: Bienert/Crisant: Arbeitshefte Führungspsychologie, Band 7, 5. Auflage, Heidelberg 1988, Sauer-Verlag

Stroebe, R.: Arbeitsmethodik II. In: Bienert/Crisant: Arbeitshefte Führungspsychologie, Band 8, 4. Auflage, Heidelberg 1988, Sauer-Verlag

Zur Konfliktbewältigung

Lumma, K.: Strategien der Konfliktlösung, betriebliches Verhaltenstraining in Theorie und Praxis, Hamburg 1980, Windmühle GmbH Verlag

Zuschlag, B./Thielke, J.: Konfliktsituationen im Alltag, Göttingen 1989, Verlag für angewandte Psychologie

Glasl, F.: Konfliktmanagement – Ein Handbuch für Führungskräfte und Berater, Stuttgart 1994, Verlag Freies Geistesleben

Zur Informationspolitik

Fricke, W./Grimberg, H./Wolter, W. (Hrsg.): Betriebsratsarbeit – richtig »verkauft«, Frankfurt 1997, 5. Auflage, Bund-Verlag

Stroebe, R.W./Stroebe, G.H.: Grundlagen der Führung – Arbeitshefte Führungspsychologie, Band 2, 8. Auflage, Heidelberg 1994, Sauer-Verlag

Stroebe, R.W./Stroebe, G.H.: Führungsstile – Arbeitshefte Führungspsychologie, Band 3, 4. Auflage, Heidelberg 1992, Sauer-Verlag

Ury, W.L./Brett, J.M./Goldberg, S.B.: Konfliktmanagement – Wirksame Strategien für den sachgerechten Interessenausgleich, Frankfurt 1991, Campus Verlag

Francis, D./Young, D.: Mehr Erfolg im Team, Essen 1982, Windmühle GmbH Verlag

Verwiesen wird zudem auf die gesamte Reihe der »kleinen Betriebsratsbibliothek«, die im Bund-Verlag erschienen ist und zu Themen der Betriebsratssitzung, der Betriebsversammlung, der Ordnung im Betriebsratsbüro, des Wirtschaftsausschusses und der Gestaltung von Information nützliche Informationen bereithält.

Text des Betriebsverfassungsgesetzes* (BetrVG)

Erster Teil – Allgemeine Vorschriften

§ 1 Errichtung von Betriebsräten In Betrieben mit in der Regel mindestens fünf ständigen wahlberechtigten Arbeitnehmern, von denen drei wählbar sind, werden Betriebsräte gewählt.

§ 2 Stellung der Gewerkschaften und Vereinigungen der Arbeitgeber
(1) Arbeitgeber und Betriebsrat arbeiten unter Beachtung der geltenden Tarifverträge vertrauensvoll und im Zusammenwirken mit den im Betrieb vertretenen Gewerkschaften und Arbeitgebervereinigungen zum Wohl der Arbeitnehmer und des Betriebs zusammen.
(2) Zur Wahrnehmung der in diesem Gesetz genannten Aufgaben und Befugnisse der im Betrieb vertretenen Gewerkschaften ist deren Beauftragten nach Unterrichtung des Arbeitgebers oder seines Vertreters Zugang zum Betrieb zu gewähren, soweit dem nicht unumgängliche Notwendigkeiten des Betriebsablaufs, zwingende Sicherheitsvorschriften oder der Schutz von Betriebsgeheimnissen entgegenstehen.
(3) Die Aufgaben der Gewerkschaften und der Vereinigungen der Arbeitgeber, insbesondere die Wahrnehmung der Interessen ihrer Mitglieder, werden durch dieses Gesetz nicht berührt.

§ 3 Zustimmungsbedürftige Tarifverträge (1) Durch Tarifvertrag können bestimmt werden:
1. zusätzliche betriebsverfassungsrechtliche Vertretungen der Arbeitnehmer bestimmter Beschäftigungsarten oder Arbeitsbereiche (Arbeitsgruppen), wenn dies nach den Verhältnissen der vom Tarifvertrag erfaßten Betriebe der zweckmäßigeren Gestaltung der Zusammenarbeit des Betriebsrats mit den Arbeitnehmern dient;
2. die Errichtung einer anderen Vertretung der Arbeitnehmer für Betriebe, in denen wegen ihrer Eigenart der Errichtung von Betriebsräten besondere Schwierigkeiten entgegenstehen;
3. von § 4 abweichende Regelungen über die Zuordnung von Betriebsteilen und Nebenbetrieben, soweit dadurch die Bildung von Vertretungen der Arbeitnehmer erleichtert wird.

(2) Tarifverträge nach Absatz 1 bedürfen insoweit der Zustimmung der obersten Arbeitsbehörde des Landes, bei Tarifverträgen, deren Geltungsbereich mehrere Länder berührt, der Zustimmung des Bundesministers für Arbeit und Sozialordnung. Vor der Entscheidung über die Zustimmung ist Arbeitgebern und Arbeitnehmern, die von dem Tarifvertrag betroffen werden, den an der Entscheidung über die Zustimmung interessierten Gewerkschaften und Vereinigungen der Arbeitgeber sowie den obersten Arbeitsbehörden der Länder, auf deren Bereich sich der Tarifvertrag erstreckt, Gelegenheit zur schriftlichen Stellungnahme sowie zur Äußerung in einer mündlichen und öffentlichen Verhandlung zu geben.

---

* vom 15. Januar 1972, zuletzt geändert durch Gesetz vom 24. März 1997 (BGBl. I S. 594).

(3) Mit dem Inkrafttreten eines Tarifvertrags nach Absatz 1 Nr. 2 endet die Amtszeit der Betriebsräte, die in den vom Tarifvertrag erfaßten Betrieben bestehen; eine solche durch Tarifvertrag errichtete Vertretung der Arbeitnehmer hat die Befugnisse und Pflichten eines Betriebsrats.

§ 4 Nebenbetriebe und Betriebsteile gelten als selbständige Betriebe, wenn sie die Voraussetzungen des § 1 erfüllen und
1. räumlich weit vom Hauptbetrieb entfernt oder
2. durch Aufgabenbereich und Organisation eigenständig sind. Soweit Nebenbetriebe die Voraussetzungen des § 1 nicht erfüllen, sind sie dem Hauptbetrieb zuzuordnen.

§ 5 Arbeitnehmer (1) Arbeitnehmer im Sinne dieses Gesetzes sind Arbeiter und Angestellte einschließlich der zu ihrer Berufsausbildung Beschäftigten.
(2) Als Arbeitnehmer im Sinne dieses Gesetzes gelten nicht
1. in Betrieben einer juristischen Person die Mitglieder des Organs, das zur gesetzlichen Vertretung der juristischen Person berufen ist;
2. die Gesellschafter einer offenen Handelsgesellschaft oder die Mitglieder einer anderen Personengesamtheit, soweit sie durch Gesetz, Satzung oder Gesellschaftsvertrag zur Vertretung der Personengesamtheit oder zur Geschäftsführung berufen sind, in deren Betrieben;
3. Personen, deren Beschäftigung nicht in erster Linie ihrem Erwerb dient, sondern vorwiegend durch Beweggründe karitativer oder religiöser Art bestimmt ist;
4. Personen, deren Beschäftigung nicht in erster Linie ihrem Erwerb dient und die vorwiegend zu ihrer Heilung, Wiedereingewöhnung, sittlichen Besserung oder Erziehung beschäftigt werden;
5. der Ehegatte, Verwandte und Verschwägerte ersten Grades, die in häuslicher Gemeinschaft mit dem Arbeitgeber leben.

(3) Dieses Gesetz findet, soweit in ihm nicht ausdrücklich etwas anderes bestimmt ist, keine Anwendung auf leitende Angestellte. Leitender Angestellter ist, wer nach Arbeitsvertrag und Stellung im Unternehmen oder im Betrieb
1. zur selbständigen Einstellung und Entlassung von im Betrieb oder in der Betriebsabteilung beschäftigten Arbeitnehmern berechtigt ist oder
2. Generalvollmacht oder Prokura hat und die Prokura auch im Verhältnis zum Arbeitgeber nicht unbedeutend ist oder
3. regelmäßig sonstige Aufgaben wahrnimmt, die für den Bestand und die Entwicklung des Unternehmens oder eines Betriebs von Bedeutung sind und deren Erfüllung besondere Erfahrungen und Kenntnisse voraussetzt, wenn er dabei entweder die Entscheidungen im wesentlichen frei von Weisungen trifft oder sie maßgeblich beeinflußt; dies kann auch bei Vorgaben insbesondere auf Grund von Rechtsvorschriften, Plänen oder Richtlinien sowie bei Zusammenarbeit mit anderen leitenden Angestellten gegeben sein.

(4) Leitender Angestellter nach Absatz 3 Nr. 3 ist im Zweifel, wer
1. aus Anlaß der letzten Wahl des Betriebsrats, des Sprecherausschusses oder von Aufsichtsratsmitgliedern der Arbeitnehmer oder durch rechtskräftige gerichtliche Entscheidung den leitenden Angestellten zugeordnet worden ist oder

2. einer Leitungsebene angehört, auf der in dem Unternehmen überwiegend leitende Angestellte vertreten sind, oder
3. ein regelmäßiges Jahresarbeitsentgelt erhält, das für leitende Angestellte in dem Unternehmen üblich ist, oder,
4. falls auch bei der Anwendung der Nummer 3 noch Zweifel bleiben, ein regelmäßiges Jahresarbeitsentgelt erhält, das das Dreifache der Bezugsgröße nach § 18 des Vierten Buches des Sozialgesetzbuches überschreitet.

§ 6 Arbeiter und Angestellte (1) Arbeiter im Sinne dieses Gesetzes sind Arbeitnehmer einschließlich der zu ihrer Berufsausbildung Beschäftigten, die eine arbeiterrentenversicherungspflichtige Beschäftigung ausüben, auch wenn sie nicht versicherungspflichtig sind. Als Arbeiter gelten auch die in Heimarbeit Beschäftigten, die in der Hauptsache für den Betrieb arbeiten.
(2) Angestellte im Sinne dieses Gesetzes sind Arbeitnehmer, die eine durch das Sechste Buch Sozialgesetzbuch als Angestelltentätigkeit bezeichnete Beschäftigung ausüben, auch wenn sie nicht versicherungspflichtig sind. Als Angestellte gelten auch Beschäftigte, die sich in Ausbildung zu einem Angestelltenberuf befinden, sowie die in Heimarbeit Beschäftigten, die in der Hauptsache für den Betrieb Angestelltentätigkeit verrichten.

Zweiter Teil – Betriebsrat, Betriebsversammlung, Gesamt- und Konzernbetriebsrat

Erster Abschnitt – Zusammensetzung und Wahl des Betriebsrats

§ 7 Wahlberechtigung Wahlberechtigt sind alle Arbeitnehmer, die das 18. Lebensjahr vollendet haben.

§ 8 Wählbarkeit (1) Wählbar sind alle Wahlberechtigten, die sechs Monate dem Betrieb angehören oder als in Heimarbeit Beschäftigte in der Hauptsache für den Betrieb gearbeitet haben. Auf diese sechsmonatige Betriebszugehörigkeit werden Zeiten angerechnet, in denen der Arbeitnehmer unmittelbar vorher einem anderen Betrieb desselben Unternehmens oder Konzerns (§ 18 Abs. 1 des Aktiengesetzes) angehört hat. Nicht wählbar ist, wer infolge strafgerichtlicher Verurteilung die Fähigkeit, Rechte aus öffentlichen Wahlen zu erlangen, nicht besitzt.
(2) Besteht der Betrieb weniger als sechs Monate, so sind abweichend von der Vorschrift in Absatz 1 über die sechsmonatige Betriebszugehörigkeit diejenigen Arbeitnehmer wählbar, die bei der Einleitung der Betriebsratswahl im Betrieb beschäftigt sind und die übrigen Voraussetzungen für die Wählbarkeit erfüllen.

§ 9 Zahl der Betriebsratsmitglieder Der Betriebsrat besteht in Betrieben mit in der Regel

5 bis 20 wahlberechtigten Arbeitnehmern aus einer Person,
21 bis 50 wahlberechtigten Arbeitnehmern aus 3 Mitgliedern,
51 wahlberechtigten Arbeitnehmern

bis	150 Arbeitnehmern aus	5 Mitgliedern,
151 bis	300 Arbeitnehmern aus	7 Mitgliedern,
301 bis	600 Arbeitnehmern aus	9 Mitgliedern,
601 bis	1000 Arbeitnehmern aus	11 Mitgliedern,
1001 bis	2000 Arbeitnehmern aus	15 Mitgliedern,
2001 bis	3000 Arbeitnehmern aus	19 Mitgliedern,
3001 bis	4000 Arbeitnehmern aus	23 Mitgliedern,
4001 bis	5000 Arbeitnehmern aus	27 Mitgliedern,
5001 bis	7000 Arbeitnehmern aus	29 Mitgliedern,
7001 bis	9000 Arbeitnehmern aus	31 Mitgliedern.

In Betrieben mit mehr als 9000 Arbeitnehmern erhöht sich die Zahl der Mitglieder des Betriebsrats für je angefangene weitere 3000 Arbeitnehmer um 2 Mitglieder.

§ 10 Vertretung der Minderheitsgruppen (1) Arbeiter und Angestellte müssen entsprechend ihrem zahlenmäßigen Verhältnis im Betriebsrat vertreten sein, wenn dieser aus mindestens drei Mitgliedern besteht.
(2) Die Minderheitsgruppe erhält mindestens bei

bis zu	50 Gruppenangehörigen	1 Vertreter,
51 bis	200 Gruppenangehörigen	2 Vertreter,
201 bis	600 Gruppenangehörigen	3 Vertreter,
601 bis	1 000 Gruppenangehörigen	4 Vertreter,
1001 bis	3 000 Gruppenangehörigen	5 Vertreter,
3001 bis	5 000 Gruppenangehörigen	6 Vertreter,
5001 bis	9 000 Gruppenangehörigen	7 Vertreter,
9001 bis	15 000 Gruppenangehörigen	8 Vertreter,
über	15 000 Gruppenangehörigen	9 Vertreter.

(3) Eine Minderheitsgruppe erhält keine Vertretung, wenn ihr nicht mehr als fünf Arbeitnehmer angehören und diese nicht mehr als ein Zwanzigstel der Arbeitnehmer des Betriebs darstellen.

§ 11 Ermäßigte Zahl der Betriebsratsmitglieder Hat ein Betrieb nicht die ausreichende Zahl von wählbaren Arbeitnehmern, so ist die Zahl der Betriebsratsmitglieder der nächstniedrigeren Betriebsgröße zugrunde zu legen.

§ 12 Abweichende Verteilung der Betriebsratssitze (1) Die Verteilung der Mitglieder des Betriebsrats auf die Gruppen kann abweichend von § 10 geregelt werden, wenn beide Gruppen dies vor der Wahl in getrennten und geheimen Abstimmungen beschließen.
(2) Jede Gruppe kann auch Angehörige der anderen Gruppe wählen. In diesem Fall gelten die Gewählten insoweit als Angehörige derjenigen Gruppe, die sie gewählt hat. Dies gilt auch für Ersatzmitglieder.

§ 13 Zeitpunkt der Betriebsratswahlen (1) Die regelmäßigen Betriebsratswahlen finden alle vier Jahre in der Zeit vom 1. März bis 31. Mai statt. Sie sind zeitgleich mit den regelmäßigen Wahlen nach § 5 Abs. 1 des Sprecherausschußgesetzes einzuleiten.

(2) Außerhalb dieser Zeit ist der Betriebsrat zu wählen, wenn
1. mit Ablauf von 24 Monaten, vom Tage der Wahl an gerechnet, die Zahl der regelmäßig beschäftigten Arbeitnehmer um die Hälfte, mindestens aber um fünfzig, gestiegen oder gesunken ist,
2. die Gesamtzahl der Betriebsratsmitglieder nach Eintreten sämtlicher Ersatzmitglieder unter die vorgeschriebene Zahl der Betriebsratsmitglieder gesunken ist,
3. der Betriebsrat mit der Mehrheit seiner Mitglieder seinen Rücktritt beschlossen hat,
4. die Betriebsratswahl mit Erfolg angefochten worden ist,
5. der Betriebsrat durch eine gerichtliche Entscheidung aufgelöst ist oder
6. im Betrieb ein Betriebsrat nicht besteht.

(3) Hat außerhalb des für die regelmäßigen Betriebsratswahlen festgelegten Zeitraums eine Betriebsratswahl stattgefunden, so ist der Betriebsrat in dem auf die Wahl folgenden nächsten Zeitraum der regelmäßigen Betriebsratswahlen neu zu wählen. Hat die Amtszeit des Betriebsrats zu Beginn des für die regelmäßigen Betriebsratswahlen festgelegten Zeitraums noch nicht ein Jahr betragen, so ist der Betriebsrat in dem übernächsten Zeitraum der regelmäßigen Betriebsratswahlen neu zu wählen.

§ 14 Wahlvorschriften (1) Der Betriebsrat wird in geheimer und unmittelbarer Wahl gewählt.

(2) Besteht der Betriebsrat aus mehr als einer Person, so wählen die Arbeiter und Angestellten ihre Vertreter in getrennten Wahlgängen, es sei denn, daß die wahlberechtigten Angehörigen beider Gruppen vor der Neuwahl in getrennten, geheimen Abstimmungen die gemeinsame Wahl beschließen.

(3) Die Wahl erfolgt nach den Grundsätzen der Verhältniswahl; wird nur ein Wahlvorschlag eingereicht, so erfolgt die Wahl nach den Grundsätzen der Mehrheitswahl.

(4) In Betrieben, deren Betriebsrat aus einer Person besteht, wird dieser mit einfacher Stimmenmehrheit gewählt; das gleiche gilt für Gruppen, denen nur ein Vertreter im Betriebsrat zusteht. In den Fällen des Satzes 1 ist in einem getrennten Wahlgang ein Ersatzmitglied zu wählen.

(5) Zur Wahl des Betriebsrats können die wahlberechtigten Arbeitnehmer und die im Betrieb vertretenen Gewerkschaften Wahlvorschläge machen.

(6) Jeder Wahlvorschlag der Arbeitnehmer muß von mindestens einem Zwanzigstel der wahlberechtigten Gruppenangehörigen, jedoch von mindestens drei wahlberechtigten Gruppenangehörigen unterzeichnet sein; in Betrieben mit in der Regel bis zu zwanzig wahlberechtigten Arbeitnehmern genügt die Unterzeichnung durch zwei Wahlberechtigte, bei bis zu zwanzig wahlberechtigten Gruppenangehörigen genügt die Unterzeichnung durch zwei wahlberechtigte Gruppenangehörige. In jedem Fall genügt die Unterzeichnung durch fünfzig wahlberechtigte Gruppenangehörige.

(7) Ist nach Absatz 2 gemeinsame Wahl beschlossen worden, so muß jeder Wahlvorschlag von mindestens einem Zwanzigstel der wahlberechtigten Arbeitneh-

mer unterzeichnet sein; Absatz 6 Satz 1 erster Halbsatz und Satz 2 gilt entsprechend.
(8) Jeder Wahlvorschlag einer Gewerkschaft muß von zwei Beauftragten unterzeichnet sein.

§ 15 Zusammensetzung nach Beschäftigungsarten und Geschlechtern
(1) Der Betriebsrat soll sich möglichst aus Arbeitnehmern der einzelnen Betriebsabteilungen und der unselbständigen Nebenbetriebe zusammensetzen. Dabei sollen möglichst auch Vertreter der verschiedenen Beschäftigungsarten der im Betrieb tätigen Arbeitnehmer berücksichtigt werden.
(2) Die Geschlechter sollen entsprechend ihrem zahlenmäßigen Verhältnis vertreten sein.

§ 16 Bestellung des Wahlvorstands (1) Spätestens zehn Wochen vor Ablauf seiner Amtszeit bestellt der Betriebsrat einen aus drei Wahlberechtigten bestehenden Wahlvorstand und einen von ihnen als Vorsitzenden. Der Betriebsrat kann die Zahl der Wahlvorstandsmitglieder erhöhen, wenn dies zur ordnungsgemäßen Durchführung der Wahl erforderlich ist. Der Wahlvorstand muß in jedem Fall aus einer ungeraden Zahl von Mitgliedern bestehen. Für jedes Mitglied des Wahlvorstands kann für den Fall seiner Verhinderung ein Ersatzmitglied bestellt werden. In Betrieben mit Arbeitern und Angestellten müssen im Wahlvorstand beide Gruppen vertreten sein. Jede im Betrieb vertretene Gewerkschaft kann zusätzlich einen dem Betrieb angehörenden Beauftragten als nicht stimmberechtigtes Mitglied in den Wahlvorstand entsenden, sofern ihr nicht ein stimmberechtigtes Wahlvorstandsmitglied angehört. In Betrieben mit weiblichen und männlichen Arbeitnehmern sollen dem Wahlvorstand Frauen und Männer angehören.
(2) Besteht acht Wochen vor Ablauf der Amtszeit des Betriebsrats kein Wahlvorstand, so bestellt ihn das Arbeitsgericht auf Antrag von mindestens drei Wahlberechtigten oder einer im Betrieb vertretenen Gewerkschaft; Absatz 1 gilt entsprechend. In dem Antrag können Vorschläge für die Zusammensetzung des Wahlvorstands gemacht werden. Das Arbeitsgericht kann für Betriebe mit in der Regel mehr als zwanzig wahlberechtigten Arbeitnehmern auch Mitglieder einer im Betrieb vertretenen Gewerkschaft, die nicht Arbeitnehmer des Betriebs sind, zu Mitgliedern des Wahlvorstands bestellen, wenn dies zur ordnungsgemäßen Durchführung der Wahl erforderlich ist.

§ 17 Wahl des Wahlvorstands (1) Besteht in einem Betrieb, der die Voraussetzungen des § 1 erfüllt, kein Betriebsrat, so wird in einer Betriebsversammlung von der Mehrheit der anwesenden Arbeitnehmer ein Wahlvorstand gewählt. § 16 Abs. 1 gilt entsprechend.
(2) Zu dieser Betriebsversammlung können drei wahlberechtigte Arbeitnehmer des Betriebs oder eine im Betrieb vertretene Gewerkschaft einladen und Vorschläge für die Zusammensetzung des Wahlvorstands machen.
(3) Findet trotz Einladung keine Betriebsversammlung statt oder wählt die Betriebsversammlung keinen Wahlvorstand, so bestellt ihn das Arbeitsgericht auf

Antrag von mindestens drei wahlberechtigten Arbeitnehmern oder einer im Betrieb vertretenen Gewerkschaft. § 16 Abs. 2 gilt entsprechend.

§ 18 Vorbereitung und Durchführung der Wahl (1) Der Wahlvorstand hat die Wahl unverzüglich einzuleiten, sie durchzuführen und das Wahlergebnis festzustellen. Kommt der Wahlvorstand dieser Verpflichtung nicht nach, so ersetzt ihn das Arbeitsgericht auf Antrag von mindestens drei wahlberechtigten Arbeitnehmern oder einer im Betrieb vertretenen Gewerkschaft. § 16 Abs. 2 gilt entsprechend.
(2) Ist zweifelhaft, ob ein Nebenbetrieb oder ein Betriebsteil selbständig oder dem Hauptbetrieb zuzuordnen ist, so können der Arbeitgeber, jeder beteiligte Betriebsrat, jeder beteiligte Wahlvorstand oder eine im Betrieb vertretene Gewerkschaft vor der Wahl eine Entscheidung des Arbeitsgerichts beantragen.
(3) Unverzüglich nach Abschluß der Wahl nimmt der Wahlvorstand öffentlich die Auszählung der Stimmen vor, stellt deren Ergebnis in einer Niederschrift fest und gibt es den Arbeitnehmern des Betriebs bekannt. Dem Arbeitgeber und den im Betrieb vertretenen Gewerkschaften ist eine Abschrift der Wahlniederschrift zu übersenden.

§ 18a Zuordnung der leitenden Angestellten bei Wahlen (1) Sind die Wahlen nach § 13 Abs. 1 und nach § 5 Abs. 1 des Sprecherausschußgesetzes zeitgleich einzuleiten, so haben sich die Wahlvorstände unverzüglich nach Aufstellung der Wählerlisten, spätestens jedoch zwei Wochen vor Einleitung der Wahlen, gegenseitig darüber zu unterrichten, welche Angestellten sie den leitenden Angestellten zugeordnet haben; dies gilt auch, wenn die Wahlen ohne Bestehen einer gesetzlichen Verpflichtung zeitgleich eingeleitet werden. Soweit zwischen den Wahlvorständen kein Einvernehmen über die Zuordnung besteht, haben sie in gemeinsamer Sitzung eine Einigung zu versuchen. Soweit eine Einigung zustande kommt, sind die Angestellten entsprechend ihrer Zuordnung in die jeweilige Wählerliste einzutragen.
(2) Soweit eine Einigung nicht zustande kommt, hat ein Vermittler spätestens eine Woche vor Einleitung der Wahlen erneut eine Verständigung der Wahlvorstände über die Zuordnung zu versuchen. Der Arbeitgeber hat den Vermittler auf dessen Verlangen zu unterstützen, insbesondere die erforderlichen Auskünfte zu erteilen und die erforderlichen Unterlagen zur Verfügung zu stellen. Bleibt der Verständigungsversuch erfolglos, so entscheidet der Vermittler nach Beratung mit dem Arbeitgeber. Absatz 1 Satz 3 gilt entsprechend.
(3) Auf die Person des Vermittlers müssen sich die Wahlvorstände einigen. Zum Vermittler kann nur ein Beschäftigter des Betriebs oder eines anderen Betriebs des Unternehmens oder Konzerns oder der Arbeitgeber bestellt werden. Kommt eine Einigung nicht zustande, so schlagen die Wahlvorstände je eine Person als Vermittler vor; durch Los wird entschieden, wer als Vermittler tätig wird.
(4) Wird mit der Wahl nach § 13 Abs. 1 oder 2 nicht zeitgleich eine Wahl nach dem Sprecherausschußgesetz eingeleitet, so hat der Wahlvorstand den Sprecherausschuß entsprechend Absatz 1 Satz 1 erster Halbsatz zu unterrichten. Soweit kein Einvernehmen über die Zuordnung besteht, hat der Sprecherausschuß Mit-

glieder zu benennen, die anstelle des Wahlvorstands an dem Zuordnungsverfahren teilnehmen. Wird mit der Wahl nach § 5 Abs. 1 oder 2 des Sprecherausschußgesetzes nicht zeitgleich eine Wahl nach diesem Gesetz eingeleitet, so gelten die Sätze 1 und 2 für den Betriebsrat entsprechend.
(5) Durch die Zuordnung wird der Rechtsweg nicht ausgeschlossen. Die Anfechtung der Betriebsratswahl oder der Wahl nach dem Sprecherausschußgesetz ist ausgeschlossen, soweit sie darauf gestützt wird, die Zuordnung sei fehlerhaft erfolgt. Satz 2 gilt nicht, soweit die Zuordnung offensichtlich fehlerhaft ist.

§ 19 Wahlanfechtung (1) Die Wahl kann beim Arbeitsgericht angefochten werden, wenn gegen wesentliche Vorschriften über das Wahlrecht, die Wählbarkeit oder das Wahlverfahren verstoßen worden ist und eine Berichtigung nicht erfolgt ist, es sei denn, daß durch den Verstoß das Wahlergebnis nicht geändert oder beeinflußt werden konnte.
(2) Zur Anfechtung berechtigt sind mindestens drei Wahlberechtigte, eine im Betrieb vertretene Gewerkschaft oder der Arbeitgeber. Die Wahlanfechtung ist nur binnen einer Frist von zwei Wochen, vom Tage der Bekanntgabe des Wahlergebnisses an gerechnet, zulässig.

§ 20 Wahlschutz und Wahlkosten (1) Niemand darf die Wahl des Betriebsrats behindern. Insbesondere darf kein Arbeitnehmer in der Ausübung des aktiven und passiven Wahlrechts beschränkt werden.
(2) Niemand darf die Wahl des Betriebsrats durch Zufügung oder Androhung von Nachteilen oder durch Gewährung oder Versprechen von Vorteilen beeinflussen.
(3) Die Kosten der Wahl trägt der Arbeitgeber. Versäumnis von Arbeitszeit, die zur Ausübung des Wahlrechts, zur Betätigung im Wahlvorstand oder zur Tätigkeit als Vermittler (§ 18a) erforderlich ist, berechtigt den Arbeitgeber nicht zur Minderung des Arbeitsentgelts.

Zweiter Abschnitt – Amtszeit des Betriebsrats

§ 21 Amtszeit Die regelmäßige Amtszeit des Betriebsrats beträgt vier Jahre. Die Amtszeit beginnt mit der Bekanntgabe des Wahlergebnisses oder, wenn zu diesem Zeitpunkt noch ein Betriebsrat besteht, mit Ablauf von dessen Amtszeit. Die Amtszeit endet spätestens am 31. Mai des Jahres, in dem nach § 13 Abs. 1 die regelmäßigen Betriebsratswahlen stattfinden. In dem Fall des § 13 Abs. 3 Satz 2 endet die Amtszeit spätestens am 31. Mai des Jahres, in dem der Betriebsrat neu zu wählen ist. In den Fällen des § 13 Abs. 2 Nr. 1 und 2 endet die Amtszeit mit der Bekanntgabe des Wahlergebnisses des neu gewählten Betriebsrats.

§ 22 Weiterführung der Geschäfte des Betriebsrats In den Fällen des § 13 Abs. 2 Nr. 1 bis 3 führt der Betriebsrat die Geschäfte weiter, bis der neue Betriebsrat gewählt und das Wahlergebnis bekanntgegeben ist.

§ 23 Verletzung gesetzlicher Pflichten (1) Mindestens ein Viertel der wahlberechtigten Arbeitnehmer, der Arbeitgeber oder eine im Betrieb vertretene Gewerkschaft können beim Arbeitsgericht den Ausschluß eines Mitglieds aus dem Betriebsrat oder die Auflösung des Betriebsrats wegen grober Verletzung seiner

gesetzlichen Pflichten beantragen. Der Ausschluß eines Mitglieds kann auch vom Betriebsrat beantragt werden.
(2) Wird der Betriebsrat aufgelöst, so setzt das Arbeitsgericht unverzüglich einen Wahlvorstand für die Neuwahl ein. § 16 Abs. 2 gilt entsprechend.
(3) Der Betriebsrat oder eine im Betrieb vertretene Gewerkschaft können bei groben Verstößen des Arbeitgebers gegen seine Verpflichtungen aus diesem Gesetz beim Arbeitsgericht beantragen, dem Arbeitgeber aufzugeben, eine Handlung zu unterlassen, die Vornahme einer Handlung zu dulden oder eine Handlung vorzunehmen. Handelt der Arbeitgeber der ihm durch rechtskräftige gerichtliche Entscheidung auferlegten Verpflichtung zuwider, eine Handlung zu unterlassen oder die Vornahme einer Handlung zu dulden, so ist er auf Antrag vom Arbeitsgericht wegen einer jeden Zuwiderhandlung nach vorheriger Androhung zu einem Ordnungsgeld zu verurteilen. Führt der Arbeitgeber die ihm durch eine rechtskräftige gerichtliche Entscheidung auferlegte Handlung nicht durch, so ist auf Antrag vom Arbeitsgericht zu erkennen, daß er zur Vornahme der Handlung durch Zwangsgeld anzuhalten sei. Antragsberechtigt sind der Betriebsrat oder eine im Betrieb vertretene Gewerkschaft. Das Höchstmaß des Ordnungsgeldes und Zwangsgeldes beträgt 20000 Deutsche Mark.

§ 24 Erlöschen der Mitgliedschaft (1) Die Mitgliedschaft im Betriebsrat erlischt durch
1. Ablauf der Amtszeit,
2. Niederlegung des Betriebsratsamtes,
3. Beendigung des Arbeitsverhältnisses,
4. Verlust der Wählbarkeit,
5. Ausschluß aus dem Betriebsrat oder Auflösung des Betriebsrats auf Grund einer gerichtlichen Entscheidung,
6. gerichtliche Entscheidung über die Feststellung der Nichtwählbarkeit nach Ablauf der in § 19 Abs. 2 bezeichneten Frist, es sei denn, der Mangel liegt nicht mehr vor.

(2) Bei einem Wechsel der Gruppenzugehörigkeit bleibt das Betriebsratsmitglied Vertreter der Gruppe, für die es gewählt ist. Dies gilt auch für Ersatzmitglieder.

§ 25 Ersatzmitglieder (1) Scheidet ein Mitglied des Betriebsrats aus, so rückt ein Ersatzmitglied nach. Dies gilt entsprechend für die Stellvertretung eines zeitweilig verhinderten Mitglieds des Betriebsrats.
(2) Die Ersatzmitglieder werden der Reihe nach aus den nichtgewählten Arbeitnehmern derjenigen Vorschlagslisten entnommen, denen die zu ersetzenden Mitglieder angehören. Ist eine Vorschlagsliste erschöpft, so ist das Ersatzmitglied derjenigen Vorschlagsliste zu entnehmen, auf die nach den Grundsätzen der Verhältniswahl der nächste Sitz entfallen würde. Ist das ausgeschiedene oder verhinderte Mitglied nach den Grundsätzen der Mehrheitswahl gewählt, so bestimmt sich die Reihenfolge der Ersatzmitglieder unter Berücksichtigung der §§ 10 und 12 nach der Höhe der erreichten Stimmenzahlen.
(3) In den Fällen des § 14 Abs. 4 findet Absatz 1 mit der Maßgabe Anwendung, daß das gewählte Ersatzmitglied nachrückt oder die Stellvertretung übernimmt.

Dritter Abschnitt – Geschäftsführung des Betriebsrats

§ 26 Vorsitzender (1) Der Betriebsrat wählt aus seiner Mitte den Vorsitzenden und dessen Stellvertreter. Besteht der Betriebsrat aus Vertretern beider Gruppen, so sollen der Vorsitzende und sein Stellvertreter nicht derselben Gruppe angehören.
(2) Gehört jeder Gruppe im Betriebsrat mindestens ein Drittel der Mitglieder an, so schlägt jede Gruppe aus ihrer Mitte je ein Mitglied für den Vorsitz vor. Der Betriebsrat wählt aus den beiden Vorgeschlagenen den Vorsitzenden des Betriebsrats und dessen Stellvertreter.
(3) Der Vorsitzende des Betriebsrats oder im Fall seiner Verhinderung sein Stellvertreter vertritt den Betriebsrat im Rahmen der von ihm gefaßten Beschlüsse. Zur Entgegennahme von Erklärungen, die dem Betriebsrat gegenüber abzugeben sind, ist der Vorsitzende des Betriebsrats oder im Fall seiner Verhinderung sein Stellvertreter berechtigt.

§ 27 Betriebsausschuß (1) Hat ein Betriebsrat neun oder mehr Mitglieder, so bildet er einen Betriebsausschuß. Der Betriebsausschuß besteht aus dem Vorsitzenden des Betriebsrats, dessen Stellvertreter und bei Betriebsräten mit
9 bis 15 Mitgliedern aus 3 weiteren Ausschußmitgliedern,
19 bis 23 Mitgliedern aus 5 weiteren Ausschußmitgliedern,
27 bis 35 Mitgliedern aus 7 weiteren Ausschußmitgliedern,
37 oder mehr Mitgliedern aus 9 weiteren Ausschußmitgliedern.
Die weiteren Ausschußmitglieder werden vom Betriebsrat aus seiner Mitte in geheimer Wahl und nach den Grundsätzen der Verhältniswahl gewählt. Wird nur ein Wahlvorschlag gemacht, so erfolgt die Wahl nach den Grundsätzen der Mehrheitswahl. Sind die weiteren Ausschußmitglieder nach den Grundsätzen der Verhältniswahl gewählt, so erfolgt die Abberufung durch Beschluß des Betriebsrats, der in geheimer Abstimmung gefaßt wird und einer Mehrheit von drei Vierteln der Stimmen der Mitglieder des Betriebsrats bedarf.
(2) Der Betriebsausschuß muß aus Angehörigen der im Betriebsrat vertretenen Gruppen entsprechend dem Verhältnis ihrer Vertretung im Betriebsrat bestehen. Die Gruppen müssen mindestens durch ein Mitglied vertreten sein. Ist der Betriebsrat nach § 14 Abs. 2 in getrennten Wahlgängen gewählt worden und gehören jeder Gruppe mehr als ein Zehntel der Mitglieder des Betriebsrats, jedoch mindestens drei Mitglieder an, so wählt jede Gruppe ihre Vertreter für den Betriebsausschuß; dies gilt auch, wenn der Betriebsrat nach § 14 Abs. 2 in gemeinsamer Wahl gewählt worden ist und jeder Gruppe im Betriebsrat mindestens ein Drittel der Mitglieder angehört. Für die Wahl der Gruppenvertreter gilt Absatz 1 Satz 3 und 4 entsprechend; ist von einer Gruppe nur ein Vertreter für den Betriebsausschuß zu wählen, so wird dieser mit einfacher Stimmenmehrheit gewählt. Für die Abberufung der von einer Gruppe gewählten Vertreter für den Betriebsausschuß gilt Absatz 1 Satz 5 entsprechend mit der Maßgabe, daß der Beschluß von der Gruppe gefaßt wird.
(3) Der Betriebsausschuß führt die laufenden Geschäfte des Betriebsrats. Der Betriebsrat kann dem Betriebsausschuß mit der Mehrheit der Stimmen seiner

Mitglieder Aufgaben zur selbständigen Erledigung übertragen; dies gilt nicht für den Abschluß von Betriebsvereinbarungen. Die Übertragung bedarf der Schriftform. Die Sätze 2 und 3 gelten entsprechend für den Widerruf der Übertragung von Aufgaben.
(4) Betriebsräte mit weniger als neun Mitgliedern können die laufenden Geschäfte auf den Vorsitzenden des Betriebsrats oder andere Betriebsratsmitglieder übertragen.

§ 28 Übertragung von Aufgaben auf weitere Ausschüsse (1) Ist ein Betriebsausschuß gebildet, so kann der Betriebsrat weitere Ausschüsse bilden und ihnen bestimmte Aufgaben übertragen. Für die Wahl und Abberufung der Ausschußmitglieder gilt § 27 Abs. 1 Satz 3 bis 5 entsprechend. Soweit den Ausschüssen bestimmte Aufgaben zur selbständigen Erledigung übertragen werden, gilt § 27 Abs. 3 Satz 2 bis 4 entsprechend.
(2) Für die Zusammensetzung der Ausschüsse sowie die Wahl und Abberufung der Ausschußmitglieder durch die Gruppen gilt § 27 Abs. 2 entsprechend. § 27 Abs. 2 Satz 1 und 2 gilt nicht, soweit dem Ausschuß Aufgaben übertragen sind, die nur eine Gruppe betreffen. Ist eine Gruppe nur durch ein Mitglied im Betriebsrat vertreten, so können diesem die Aufgaben nach Satz 2 übertragen werden.
(3) Die Absätze 1 und 2 gelten entsprechend für die Übertragung von Aufgaben zur selbständigen Entscheidung auf Mitglieder des Betriebsrats in Ausschüssen, deren Mitglieder vom Betriebsrat und vom Arbeitgeber benannt werden.

§ 29 Einberufung der Sitzungen (1) Vor Ablauf einer Woche nach dem Wahltag hat der Wahlvorstand die Mitglieder des Betriebsrats zu der nach § 26 Abs. 1 und 2 vorgeschriebenen Wahl einzuberufen. Der Vorsitzende des Wahlvorstands leitet die Sitzung, bis der Betriebsrat aus seiner Mitte einen Wahlleiter bestellt hat.
(2) Die weiteren Sitzungen beruft der Vorsitzende des Betriebsrats ein. Er setzt die Tagesordnung fest und leitet die Verhandlung. Der Vorsitzende hat die Mitglieder des Betriebsrats zu den Sitzungen rechtzeitig unter Mitteilung der Tagesordnung zu laden. Dies gilt auch für die Schwerbehindertenvertretung sowie für die Jugend- und Auszubildendenvertreter, soweit sie ein Recht auf Teilnahme an der Betriebsratssitzung haben. Kann ein Mitglied des Betriebsrats oder der Jugend- und Auszubildendenvertretung an der Sitzung nicht teilnehmen, so soll es dies unter Angabe der Gründe unverzüglich dem Vorsitzenden mitteilen. Der Vorsitzende hat für ein verhindertes Betriebsratsmitglied oder für einen verhinderten Jugend- und Auszubildendenvertreter das Ersatzmitglied zu laden.
(3) Der Vorsitzende hat eine Sitzung einzuberufen und den Gegenstand, dessen Beratung beantragt ist, auf die Tagesordnung zu setzen, wenn dies ein Viertel der Mitglieder des Betriebsrats oder der Arbeitgeber beantragt. Ein solcher Antrag kann auch von der Mehrheit der Vertreter einer Gruppe gestellt werden, wenn diese Gruppe im Betriebsrat durch mindestens zwei Mitglieder vertreten ist.
(4) Der Arbeitgeber nimmt an den Sitzungen, die auf sein Verlangen anberaumt sind, und an den Sitzungen, zu denen er ausdrücklich eingeladen ist, teil. Er

kann einen Vertreter der Vereinigung der Arbeitgeber, der er angehört, hinzuziehen.

§ 30 Betriebsratssitzungen Die Sitzungen des Betriebsrats finden in der Regel während der Arbeitszeit statt. Der Betriebsrat hat bei der Ansetzung von Betriebsratssitzungen auf die betrieblichen Notwendigkeiten Rücksicht zu nehmen. Der Arbeitgeber ist vom Zeitpunkt der Sitzung vorher zu verständigen. Die Sitzungen des Betriebsrats sind nicht öffentlich.

§ 31 Teilnahme der Gewerkschaften Auf Antrag von einem Viertel der Mitglieder oder der Mehrheit einer Gruppe des Betriebsrats kann ein Beauftragter einer im Betriebsrat vertretenen Gewerkschaft an den Sitzungen beratend teilnehmen; in diesem Fall sind der Zeitpunkt der Sitzung und die Tagesordnung der Gewerkschaft rechtzeitig mitzuteilen.

§ 32 Teilnahme der Schwerbehindertenvertretung Die Schwerbehindertenvertretung (§ 24 des Schwerbehindertengesetzes) kann an allen Sitzungen des Betriebsrats beratend teilnehmen.

§ 33 Beschlüsse des Betriebsrats (1) Die Beschlüsse des Betriebsrats werden, soweit in diesem Gesetz nichts anderes bestimmt ist, mit der Mehrheit der Stimmen der anwesenden Mitglieder gefaßt. Bei Stimmengleichheit ist ein Antrag abgelehnt.
(2) Der Betriebsrat ist nur beschlußfähig, wenn mindestens die Hälfte der Betriebsratsmitglieder an der Beschlußfassung teilnimmt; Stellvertretung durch Ersatzmitglieder ist zulässig.
(3) Nimmt die Jugend- und Auszubildendenvertretung an der Beschlußfassung teil, so werden die Stimmen der Jugend- und Auszubildendenvertreter bei der Feststellung der Stimmenmehrheit mitgezählt.

§ 34 Sitzungsniederschrift (1) Über jede Verhandlung des Betriebsrats ist eine Niederschrift aufzunehmen, die mindestens den Wortlaut der Beschlüsse und die Stimmenmehrheit, mit der sie gefaßt sind, enthält. Die Niederschrift ist von dem Vorsitzenden und einem weiteren Mitglied zu unterzeichnen. Der Niederschrift ist eine Anwesenheitsliste beizufügen, in die sich jeder Teilnehmer eigenhändig einzutragen hat.
(2) Hat der Arbeitgeber oder ein Beauftragter einer Gewerkschaft an der Sitzung teilgenommen, so ist ihm der entsprechende Teil der Niederschrift abschriftlich auszuhändigen. Einwendungen gegen die Niederschrift sind unverzüglich schriftlich zu erheben; sie sind der Niederschrift beizufügen.
(3) Die Mitglieder des Betriebsrats haben das Recht, die Unterlagen des Betriebsrats und seiner Ausschüsse jederzeit einzusehen.

§ 35 Aussetzung von Beschlüssen (1) Erachtet die Mehrheit der Vertreter einer Gruppe oder der Jugend- und Auszubildendenvertretung einen Beschluß des Betriebsrats als eine erhebliche Beeinträchtigung wichtiger Interessen der durch sie vertretenen Arbeitnehmer, so ist auf ihren Antrag der Beschluß auf die Dauer von

einer Woche vom Zeitpunkt der Beschlußfassung an auszusetzen, damit in dieser Frist eine Verständigung, gegebenenfalls mit Hilfe der im Betrieb vertretenen Gewerkschaften, versucht werden kann.
(2) Nach Ablauf der Frist ist über die Angelegenheit neu zu beschließen. Wird der erste Beschluß bestätigt, so kann der Antrag auf Aussetzung nicht wiederholt werden; dies gilt auch, wenn der erste Beschluß nur unerheblich geändert wird.
(3) Die Absätze 1 und 2 gelten entsprechend, wenn die Schwerbehindertenvertretung einen Beschluß des Betriebsrats als eine erhebliche Beeinträchtigung wichtiger Interessen der Schwerbehinderten erachtet.

§ 36 Geschäftsordnung Sonstige Bestimmungen über die Geschäftsführung sollen in einer schriftlichen Geschäftsordnung getroffen werden, die der Betriebsrat mit der Mehrheit der Stimmen seiner Mitglieder beschließt.

§ 37 Ehrenamtliche Tätigkeit, Arbeitsversäumnis (1) Die Mitglieder des Betriebsrats führen ihr Amt unentgeltlich als Ehrenamt.
(2) Mitglieder des Betriebsrats sind von ihrer beruflichen Tätigkeit ohne Minderung des Arbeitsentgelts zu befreien, wenn und soweit es nach Umfang und Art des Betriebs zur ordnungsgemäßen Durchführung ihrer Aufgaben erforderlich ist.
(3) Zum Ausgleich für Betriebsratstätigkeit, die aus betriebsbedingten Gründen außerhalb der Arbeitszeit durchzuführen ist, hat das Betriebsratsmitglied Anspruch auf entsprechende Arbeitsbefreiung unter Fortzahlung des Arbeitsentgelts. Die Arbeitsbefreiung ist vor Ablauf eines Monats zu gewähren; ist dies aus betriebsbedingten Gründen nicht möglich, so ist die aufgewendete Zeit wie Mehrarbeit zu vergüten.
(4) Das Arbeitsentgelt von Mitgliedern des Betriebsrats darf einschließlich eines Zeitraums von einem Jahr nach Beendigung der Amtszeit nicht geringer bemessen werden als das Arbeitsentgelt vergleichbarer Arbeitnehmer mit betriebsüblicher beruflicher Entwicklung. Dies gilt auch für allgemeine Zuwendungen des Arbeitgebers.
(5) Soweit nicht zwingende betriebliche Notwendigkeiten entgegenstehen, dürfen Mitglieder des Betriebsrats einschließlich eines Zeitraums von einem Jahr nach Beendigung der Amtszeit nur mit Tätigkeiten beschäftigt werden, die den Tätigkeiten der in Absatz 4 genannten Arbeitnehmer gleichwertig sind.
(6) Absatz 2 gilt entsprechend für die Teilnahme an Schulungs- und Bildungsveranstaltungen, soweit diese Kenntnisse vermitteln, die für die Arbeit des Betriebsrats erforderlich sind. Der Betriebsrat hat bei der Festlegung der zeitlichen Lage der Teilnahme an Schulungs- und Bildungsveranstaltungen die betrieblichen Notwendigkeiten zu berücksichtigen. Er hat dem Arbeitgeber die Teilnahme und die zeitliche Lage der Schulungs- und Bildungsveranstaltungen rechtzeitig bekanntzugeben. Hält der Arbeitgeber die betrieblichen Notwendigkeiten für nicht ausreichend berücksichtigt, so kann er die Einigungsstelle anrufen. Der Spruch der Einigungsstelle ersetzt die Einigung zwischen Arbeitgeber und Betriebsrat.
(7) Unbeschadet der Vorschrift des Absatzes 6 hat jedes Mitglied des Betriebsrats während seiner regelmäßigen Amtszeit Anspruch auf bezahlte Freistellung für

insgesamt drei Wochen zur Teilnahme an Schulungs- und Bildungsveranstaltungen, die von der zuständigen obersten Arbeitsbehörde des Landes nach Beratung mit den Spitzenorganisationen der Gewerkschaften und der Arbeitgeberverbände als geeignet anerkannt sind. Der Anspruch nach Satz 1 erhöht sich für Arbeitnehmer, die erstmals das Amt eines Betriebsratsmitglieds übernehmen und auch nicht zuvor Jugend- und Auszubildendenvertreter waren, auf vier Wochen. Absatz 6 Satz 2 bis 5 findet Anwendung.

§ 38 Freistellungen (1) Von ihrer beruflichen Tätigkeit sind mindestens freizustellen in Betrieben mit in der Regel

300 bis	600 Arbeitnehmern	ein Betriebsratsmitglied,	
601 bis	1000 Arbeitnehmern	2	Betriebsratsmitglieder,
1001 bis	2000 Arbeitnehmern	3	Betriebsratsmitglieder,
2001 bis	3000 Arbeitnehmern	4	Betriebsratsmitglieder,
3001 bis	4000 Arbeitnehmern	5	Betriebsratsmitglieder,
4001 bis	5000 Arbeitnehmern	6	Betriebsratsmitglieder,
5001 bis	6000 Arbeitnehmern	7	Betriebsratsmitglieder,
6001 bis	7000 Arbeitnehmern	8	Betriebsratsmitglieder,
7001 bis	8000 Arbeitnehmern	9	Betriebsratsmitglieder,
8001 bis	9000 Arbeitnehmern	10	Betriebsratsmitglieder,
9001 bis	10000 Arbeitnehmern	11	Betriebsratsmitglieder.

In Betrieben mit über 10000 Arbeitnehmern ist für je angefangene weitere 2000 Arbeitnehmer ein weiteres Betriebsratsmitglied freizustellen. Durch Tarifvertrag oder Betriebsvereinbarung können anderweitige Regelungen über die Freistellung vereinbart werden.

(2) Die freizustellenden Betriebsratsmitglieder werden nach Beratung mit dem Arbeitgeber vom Betriebsrat aus seiner Mitte in geheimer Wahl und nach den Grundsätzen der Verhältniswahl gewählt. Wird nur ein Wahlvorschlag gemacht, so erfolgt die Wahl nach den Grundsätzen der Mehrheitswahl; ist nur ein Betriebsratsmitglied freizustellen, so wird dieses mit einfacher Stimmenmehrheit gewählt. Die Gruppen sind entsprechend dem Verhältnis ihrer Vertretung im Betriebsrat zu berücksichtigen. Gehört jeder Gruppe im Betriebsrat mindestens ein Drittel der Mitglieder an, so wählt jede Gruppe die auf sie entfallenden freizustellenden Betriebsratsmitglieder; die Sätze 1 und 2 gelten entsprechend. Der Betriebsrat hat die Namen der Freizustellenden dem Arbeitgeber bekanntzugeben. Hält der Arbeitgeber eine Freistellung für sachlich nicht vertretbar, so kann er innerhalb einer Frist von zwei Wochen nach der Bekanntgabe die Einigungsstelle anrufen. Der Spruch der Einigungsstelle ersetzt die Einigung zwischen Arbeitgeber und Betriebsrat. Bestätigt die Einigungsstelle die Bedenken des Arbeitgebers, so hat sie bei der Bestimmung eines anderen freizustellenden Betriebsratsmitglieds auch den Minderheitenschutz im Sinne der Sätze 1 bis 3 zu beachten. Ruft der Arbeitgeber die Einigungsstelle nicht an, so gilt sein Einverständnis mit den Freistellungen nach Ablauf der zweiwöchigen Frist als erteilt. Für die Abberufung gilt § 27 Abs. 1 Satz 5 und Abs. 2 Satz 5 entsprechend.

(3) Der Zeitraum für die Weiterzahlung des nach § 37 Abs. 4 zu bemessenden Arbeitsentgelts und für die Beschäftigung nach § 37 Abs. 5 erhöht sich für Mitglieder des Betriebsrats, die drei volle aufeinanderfolgende Amtszeiten freigestellt waren, auf zwei Jahre nach Ablauf der Amtszeit.
(4) Freigestellte Betriebsratsmitglieder dürfen von inner- und außerbetrieblichen Maßnahmen der Berufsbildung nicht ausgeschlossen werden. Innerhalb eines Jahres nach Beendigung der Freistellung eines Betriebsratsmitglieds ist diesem im Rahmen der Möglichkeiten des Betriebs Gelegenheit zu geben, eine wegen der Freistellung unterbliebene betriebsübliche berufliche Entwicklung nachzuholen. Für Mitglieder des Betriebsrats, die drei volle aufeinanderfolgende Amtszeiten freigestellt waren, erhöht sich der Zeitraum nach Satz 2 auf zwei Jahre.

§ 39 Sprechstunden (1) Der Betriebsrat kann während der Arbeitszeit Sprechstunden einrichten. Zeit und Ort sind mit dem Arbeitgeber zu vereinbaren. Kommt eine Einigung nicht zustande, so entscheidet die Einigungsstelle. Der Spruch der Einigungsstelle ersetzt die Einigung zwischen Arbeitgeber und Betriebsrat.
(2) Führt die Jugend- und Auszubildendenvertretung keine eigenen Sprechstunden durch, so kann an den Sprechstunden des Betriebsrats ein Mitglied der Jugend- und Auszubildendenvertretung zur Beratung der in § 60 Abs. 1 genannten Arbeitnehmer teilnehmen.
(3) Versäumnis von Arbeitszeit, die zum Besuch der Sprechstunden oder durch sonstige Inanspruchnahme des Betriebsrats erforderlich ist, berechtigt den Arbeitgeber nicht zur Minderung des Arbeitsentgelts des Arbeitnehmers.

§ 40 Kosten und Sachaufwand des Betriebsrats (1) Die durch die Tätigkeit des Betriebsrats entstehenden Kosten trägt der Arbeitgeber.
(2) Für die Sitzungen, die Sprechstunden und die laufende Geschäftsführung hat der Arbeitgeber in erforderlichem Umfang Räume, sachliche Mittel und Büropersonal zur Verfügung zu stellen.

§ 41 Umlageverbot Die Erhebung und Leistung von Beiträgen der Arbeitnehmer für Zwecke des Betriebsrats ist unzulässig.

Vierter Abschnitt – Betriebsversammlung

§ 42 Zusammensetzung, Teilversammlung, Abteilungsversammlung (1) Die Betriebsversammlung besteht aus den Arbeitnehmern des Betriebs; sie wird von dem Vorsitzenden des Betriebsrats geleitet. Sie ist nicht öffentlich. Kann wegen der Eigenart des Betriebs eine Versammlung aller Arbeitnehmer zum gleichen Zeitpunkt nicht stattfinden, so sind Teilversammlungen durchzuführen.
(2) Arbeitnehmer organisatorisch oder räumlich abgegrenzter Betriebsteile sind vom Betriebsrat zu Abteilungsversammlungen zusammenzufassen, wenn dies für die Erörterung der besonderen Belange der Arbeitnehmer erforderlich ist. Die Abteilungsversammlung wird von einem Mitglied des Betriebsrats geleitet, das möglichst einem beteiligten Betriebsteil als Arbeitnehmer angehört. Absatz 1 Satz 2 und 3 gilt entsprechend.

§ 43 Regelmäßige Betriebs- und Abteilungsversammlungen (1) Der Betriebsrat hat einmal in jedem Kalendervierteljahr eine Betriebsversammlung einzuberufen und in ihr einen Tätigkeitsbericht zu erstatten. Liegen die Voraussetzungen des § 42 Abs. 2 Satz 1 vor, so hat der Betriebsrat in jedem Kalenderjahr zwei der in Satz 1 genannten Betriebsversammlungen als Abteilungsversammlungen durchzuführen. Die Abteilungsversammlungen sollen möglichst gleichzeitig stattfinden. Der Betriebsrat kann in jedem Kalenderhalbjahr eine weitere Betriebsversammlung oder, wenn die Voraussetzungen des § 42 Abs. 2 Satz 1 vorliegen, einmal weitere Abteilungsversammlungen durchführen, wenn dies aus besonderen Gründen zweckmäßig erscheint.
(2) Der Arbeitgeber ist zu den Betriebs- und Abteilungsversammlungen unter Mitteilung der Tagesordnung einzuladen. Er ist berechtigt, in den Versammlungen zu sprechen. Der Arbeitgeber oder sein Vertreter hat mindestens einmal in jedem Kalenderjahr in einer Betriebsversammlung über das Personal- und Sozialwesen des Betriebs und über die wirtschaftliche Lage und Entwicklung des Betriebs zu berichten, soweit dadurch nicht Betriebs- oder Geschäftsgeheimnisse gefährdet werden.
(3) Der Betriebsrat ist berechtigt und auf Wunsch des Arbeitgebers oder von mindestens einem Viertel der wahlberechtigten Arbeitnehmer verpflichtet, eine Betriebsversammlung einzuberufen und den beantragten Beratungsgegenstand auf die Tagesordnung zu setzen. Vom Zeitpunkt der Versammlungen, die auf Wunsch des Arbeitgebers stattfinden, ist dieser rechtzeitig zu verständigen.
(4) Auf Antrag einer im Betrieb vertretenen Gewerkschaft muß der Betriebsrat vor Ablauf von zwei Wochen nach Eingang des Antrags eine Betriebsversammlung nach Abs. 1 Satz 1 einberufen, wenn im vorhergegangenen Kalenderhalbjahr keine Betriebsversammlung und keine Abteilungsversammlungen durchgeführt worden sind.

§ 44 Zeitpunkt und Verdienstausfall (1) Die in den §§ 17 und 43 Abs. 1 bezeichneten und die auf Wunsch des Arbeitgebers einberufenen Versammlungen finden während der Arbeitszeit statt, soweit nicht die Eigenart des Betriebs eine andere Regelung zwingend erfordert. Die Zeit der Teilnahme an diesen Versammlungen einschließlich der zusätzlichen Wegezeiten ist den Arbeitnehmern wie Arbeitszeit zu vergüten. Dies gilt auch dann, wenn die Versammlungen wegen der Eigenart des Betriebs außerhalb der Arbeitszeit stattfinden; Fahrkosten, die den Arbeitnehmern durch die Teilnahme an diesen Versammlungen entstehen, sind vom Arbeitgeber zu erstatten.
(2) Sonstige Betriebs- oder Abteilungsversammlungen finden außerhalb der Arbeitszeit statt. Hiervon kann im Einvernehmen mit dem Arbeitgeber abgewichen werden; im Einvernehmen mit dem Arbeitgeber während der Arbeitszeit durchgeführte Versammlungen berechtigen den Arbeitgeber nicht, das Arbeitsentgelt der Arbeitnehmer zu mindern.

§ 45 Themen der Betriebs- und Abteilungsversammlungen Die Betriebs- und Abteilungsversammlungen können Angelegenheiten einschließlich solcher tarifpolitischer, sozialpolitischer und wirtschaftlicher Art sowie Fragen der Frauenförderung und der Vereinbarkeit von Familie und Beruf behandeln, die den Betrieb oder seine Arbeitnehmer unmittelbar betreffen; die Grundsätze des § 74 Abs. 2 finden Anwendung. Die Betriebs- und Abteilungsversammlungen können dem Betriebsrat Anträge unterbreiten und zu seinen Beschlüssen Stellung nehmen.

§ 46 Beauftragte der Verbände (1) An den Betriebs- oder Abteilungsversammlungen können Beauftragte der im Betrieb vertretenen Gewerkschaften beratend teilnehmen. Nimmt der Arbeitgeber an Betriebs- oder Abteilungsversammlungen teil, so kann er einen Beauftragten der Vereinigung der Arbeitgeber, der er angehört, hinzuziehen.
(2) Der Zeitpunkt und die Tagesordnung der Betriebs- oder Abteilungsversammlungen sind den im Betriebsrat vertretenen Gewerkschaften rechtzeitig schriftlich mitzuteilen.

Fünfter Abschnitt – Gesamtbetriebsrat

§ 47 Voraussetzungen der Errichtung, Mitgliederzahl, Stimmengewicht
(1) Bestehen in einem Unternehmen mehrere Betriebsräte, so ist ein Gesamtbetriebsrat zu errichten.
(2) In den Gesamtbetriebsrat entsendet jeder Betriebsrat, wenn ihm Vertreter beider Gruppen angehören, zwei seiner Mitglieder, wenn ihm Vertreter nur einer Gruppe angehören, eines seiner Mitglieder. Werden zwei Mitglieder entsandt, so dürfen sie nicht derselben Gruppe angehören. Ist der Betriebsrat nach § 14 Abs. 2 in getrennten Wahlgängen gewählt worden und gehören jeder Gruppe mehr als ein Zehntel der Mitglieder des Betriebsrats, jedoch mindestens drei Mitglieder an, so wählt jede Gruppe den auf sie entfallenden Gruppenvertreter; dies gilt auch, wenn der Betriebsrat nach § 14 Abs. 2 in gemeinsamer Wahl gewählt worden ist und jeder Gruppe im Betriebsrat mindestens ein Drittel der Mitglieder angehört. Die Sätze 1 bis 3 gelten entsprechend für die Abberufung.
(3) Der Betriebsrat hat für jedes Mitglied des Gesamtbetriebsrats mindestens ein Ersatzmitglied zu bestellen und die Reihenfolge des Nachrückens festzulegen; § 25 Abs. 3 gilt entsprechend. Für die Bestellung gilt Absatz 2 entsprechend.
(4) Durch Tarifvertrag oder Betriebsvereinbarung kann die Mitgliederzahl des Gesamtbetriebsrats abweichend von Absatz 2 Satz 1 geregelt werden.
(5) Gehören nach Absatz 2 Satz 1 dem Gesamtbetriebsrat mehr als vierzig Mitglieder an und besteht keine tarifliche Regelung nach Absatz 4, so ist zwischen Gesamtbetriebsrat und Arbeitgeber eine Betriebsvereinbarung über die Mitgliederzahl des Gesamtbetriebsrats abzuschließen, in der bestimmt wird, daß Betriebsräte mehrerer Betriebe eines Unternehmens, die regional oder durch gleichartige Interessen miteinander verbunden sind, gemeinsam Mitglieder in den Gesamtbetriebsrat entsenden.
(6) Kommt im Fall des Absatzes 5 eine Einigung nicht zustande, so entscheidet eine für das Gesamtunternehmen zu bildende Einigungsstelle. Der Spruch der Einigungsstelle ersetzt die Einigung zwischen Arbeitgeber und Gesamtbetriebsrat.

(7) Jedes Mitglied des Gesamtbetriebsrats hat so viele Stimmen, wie in dem Betrieb, in dem es gewählt wurde, wahlberechtigte Angehörige seiner Gruppe in der Wählerliste eingetragen sind. Entsendet der Betriebsrat nur ein Mitglied in den Gesamtbetriebsrat, so hat es so viele Stimmen, wie in dem Betrieb wahlberechtigte Arbeitnehmer in der Wählerliste eingetragen sind.
(8) Ist ein Mitglied des Gesamtbetriebsrats für mehrere Betriebe entsandt worden, so hat es so viele Stimmen, wie in den Betrieben, für die es entsandt ist, wahlberechtigte Angehörige seiner Gruppe in den Wählerlisten eingetragen sind. Sind für eine Gruppe mehrere Mitglieder des Betriebsrats entsandt worden, so stehen diesen die Stimmen nach Absatz 7 Satz 1 anteilig zu. Absatz 7 Satz 2 gilt entsprechend.

§ 48 Ausschluß von Gesamtbetriebsratsmitgliedern Mindestens ein Viertel der wahlberechtigten Arbeitnehmer des Unternehmens, der Arbeitgeber, der Gesamtbetriebsrat oder eine im Unternehmen vertretene Gewerkschaft können beim Arbeitsgericht den Ausschluß eines Mitglieds aus dem Gesamtbetriebsrat wegen grober Verletzung seiner gesetzlichen Pflichten beantragen.

§ 49 Erlöschen der Mitgliedschaft Die Mitgliedschaft im Gesamtbetriebsrat endet mit dem Erlöschen der Mitgliedschaft im Betriebsrat, auf Grund einer gerichtlichen Entscheidung oder Abberufung durch den Betriebsrat.

§ 50 Zuständigkeit (1) Der Gesamtbetriebsrat ist zuständig für die Behandlung von Angelegenheiten, die das Gesamtunternehmen oder mehrere Betriebe betreffen und nicht durch die einzelnen Betriebsräte innerhalb ihrer Betriebe geregelt werden können. Er ist den einzelnen Betriebsräten nicht übergeordnet.
(2) Der Betriebsrat kann mit der Mehrheit der Stimmen seiner Mitglieder den Gesamtbetriebsrat beauftragen, eine Angelegenheit für ihn zu behandeln. Der Betriebsrat kann sich dabei die Entscheidungsbefugnis vorbehalten. § 27 Abs. 3 Satz 3 und 4 gilt entsprechend.

§ 51 Geschäftsführung (1) Für den Gesamtbetriebsrat gelten § 25 Abs. 1, § 26 Abs. 1 und 3, § 27 Abs. 3 und 4, § 28 Abs. 1 Satz 1 und 3, Abs. 3, §§ 30, 31, 34, 35, 36, 37 Abs. 1 bis 3 sowie die §§ 40 und 41 entsprechend. § 27 Abs. 1 Satz 1 und 2 gilt entsprechend mit der Maßgabe, daß der Gesamtbetriebsausschuß aus dem Vorsitzenden des Gesamtbetriebsrats, dessen Stellvertreter und bei Gesamtbetriebsräten mit

9 bis 16 Mitgliedern aus 3 weiteren Ausschußmitgliedern,
17 bis 24 Mitgliedern aus 5 weiteren Ausschußmitgliedern,
25 bis 36 Mitgliedern aus 7 weiteren Ausschußmitgliedern,
mehr als 36 Mitgliedern aus 9 weiteren Ausschußmitgliedern

besteht.
(2) Haben die Vertreter jeder Gruppe mindestens ein Drittel aller Stimmen im Gesamtbetriebsrat, so schlägt jede Gruppe aus ihrer Mitte ein Mitglied für den Vorsitz des Gesamtbetriebsrats vor. Der Gesamtbetriebsrat wählt aus den Vorgeschlagenen seinen Vorsitzenden und stellvertretenden Vorsitzenden. Der Gesamtbetriebsausschuß muß aus Angehörigen der im Gesamtbetriebsrat vertre-

tenen Gruppen entsprechend dem Stimmenverhältnis bestehen. Die Gruppen müssen mindestens durch ein Mitglied vertreten sein. Haben die nach § 47 Abs. 2 Satz 3 entsandten Mitglieder des Gesamtbetriebsrats mehr als die Hälfte und die Vertreter jeder Gruppe mehr als ein Zehntel aller Stimmen im Gesamtbetriebsrat und gehören jeder Gruppe mindestens drei Mitglieder des Gesamtbetriebsrats an, so wählt jede Gruppe ihre Vertreter für den Gesamtbetriebsausschuß. Für die Zusammensetzung der weiteren Ausschüsse sowie die Wahl der Ausschußmitglieder durch die Gruppen gelten die Sätze 3 bis 5 entsprechend. Die Sätze 3 und 4 gelten nicht, soweit dem Ausschuß Aufgaben übertragen sind, die nur eine Gruppe betreffen. Ist eine Gruppe nur durch ein Mitglied im Gesamtbetriebsrat vertreten, so können diesem die Aufgaben nach Satz 7 übertragen werden.

(3) Ist ein Gesamtbetriebsrat zu errichten, so hat der Betriebsrat der Hauptverwaltung des Unternehmens oder, soweit ein solcher Betriebsrat nicht besteht, der Betriebsrat des nach der Zahl der wahlberechtigten Arbeitnehmer größten Betriebs zu der Wahl des Vorsitzenden und des stellvertretenden Vorsitzenden des Gesamtbetriebsrats einzuladen. Der Vorsitzende des einladenden Betriebsrats hat die Sitzung zu leiten, bis der Gesamtbetriebsrat aus seiner Mitte einen Wahlleiter bestellt hat. § 29 Abs. 2 bis 4 gilt entsprechend.

(4) Die Beschlüsse des Gesamtbetriebsrats werden, soweit nichts anderes bestimmt ist, mit Mehrheit der Stimmen der anwesenden Mitglieder gefaßt. Bei Stimmengleichheit ist ein Antrag abgelehnt. Der Gesamtbetriebsrat ist nur beschlußfähig, wenn mindestens die Hälfte seiner Mitglieder an der Beschlußfassung teilnimmt und die Teilnehmenden mindestens die Hälfte aller Stimmen vertreten; Stellvertretung durch Ersatzmitglieder ist zulässig. § 33 Abs. 3 gilt entsprechend.

(5) Auf die Beschlußfassung des Gesamtbetriebsausschusses und weiterer Ausschüsse des Gesamtbetriebsrats ist § 33 Abs. 1 und 2 anzuwenden.

(6) Die Vorschriften über die Rechte und Pflichten des Betriebsrats gelten entsprechend für den Gesamtbetriebsrat, soweit dieses Gesetz keine besonderen Vorschriften enthält.

§ 52 Teilnahme der Gesamtschwerbehindertenvertretung Die Gesamtschwerbehindertenvertretung (§ 27 Abs. 1 des Schwerbehindertengesetzes) kann an allen Sitzungen des Gesamtbetriebsrats beratend teilnehmen.

§ 53 Betriebsräteversammlung (1) Mindestens einmal in jedem Kalenderjahr hat der Gesamtbetriebsrat die Vorsitzenden und die stellvertretenden Vorsitzenden der Betriebsräte sowie die weiteren Mitglieder der Betriebsausschüsse zu einer Versammlung einzuberufen. Zu dieser Versammlung kann der Betriebsrat abweichend von Satz 1 aus seiner Mitte andere Mitglieder entsenden, soweit dadurch die Gesamtzahl der sich für ihn nach Satz 1 ergebenden Teilnehmer nicht überschritten wird.

(2) In der Betriebsräteversammlung hat

1. der Gesamtbetriebsrat einen Tätigkeitsbericht,

2. der Unternehmer einen Bericht über das Personal- und Sozialwesen und über die wirtschaftliche Lage und Entwicklung des Unternehmens, soweit dadurch nicht Betriebs- und Geschäftsgeheimnisse gefährdet werden,

zu erstatten.

(3) Der Gesamtbetriebsrat kann die Betriebsräteversammlung in Form von Teilversammlungen durchführen. Im übrigen gelten § 42 Abs. 1 Satz 1 zweiter Halbsatz und Satz 2, § 43 Abs. 2 Satz 1 und 2 sowie die §§ 45 und 46 entsprechend.

Sechster Abschnitt – Konzernbetriebsrat

§ 54 Errichtung des Konzernbetriebsrats (1) Für einen Konzern (§ 18 Abs. 1 des Aktiengesetzes) kann durch Beschlüsse der einzelnen Gesamtbetriebsräte ein Konzernbetriebsrat errichtet werden. Die Errichtung erfordert die Zustimmung der Gesamtbetriebsräte der Konzernunternehmen, in denen insgesamt mindestens 75 vom Hundert der Arbeitnehmer der Konzernunternehmen beschäftigt sind.

(2) Besteht in einem Konzernunternehmen nur ein Betriebsrat, so nimmt dieser die Aufgaben eines Gesamtbetriebsrats nach den Vorschriften dieses Abschnitts wahr.

§ 55 Zusammensetzung des Konzernbetriebsrats, Stimmengewicht (1) In den Konzernbetriebsrat entsendet jeder Gesamtbetriebsrat, wenn ihm Vertreter beider Gruppen angehören, zwei seiner Mitglieder, wenn ihm Vertreter nur einer Gruppe angehören, eines seiner Mitglieder. Werden zwei Mitglieder entsandt, so dürfen sie nicht derselben Gruppe angehören. Haben die nach § 47 Abs. 2 Satz 3 entsandten Mitglieder des Gesamtbetriebsrats mehr als die Hälfte und die Vertreter jeder Gruppe mehr als ein Zehntel aller Stimmen im Gesamtbetriebsrat und gehören jeder Gruppe mindestens drei Mitglieder des Gesamtbetriebsrats an, so wählt jede Gruppe den auf sie entfallenden Gruppenvertreter. Die Sätze 1 bis 3 gelten entsprechend für die Abberufung.

(2) Der Gesamtbetriebsrat hat für jedes Mitglied des Konzernbetriebsrats mindestens ein Ersatzmitglied zu bestellen und die Reihenfolge des Nachrückens festzulegen. Für die Bestellung gilt Absatz 1 entsprechend.

(3) Jedes Mitglied des Konzernbetriebsrats hat so viele Stimmen, wie die Mitglieder seiner Gruppe im Gesamtbetriebsrat insgesamt Stimmen haben. Entsendet ein Gesamtbetriebsrat nur ein Mitglied in den Konzernbetriebsrat, so hat dieses Mitglied so viele Stimmen, wie die Mitglieder des Gesamtbetriebsrats, von dem es entsandt wurde, insgesamt im Gesamtbetriebsrat Stimmen haben.

(4) Durch Tarifvertrag oder Betriebsvereinbarung kann die Mitgliederzahl des Konzernbetriebsrats abweichend von Absatz 1 Satz 1 geregelt werden. § 47 Abs. 5 bis 8 gilt entsprechend.

§ 56 Ausschluß von Konzernbetriebsratsmitgliedern Mindestens ein Viertel der wahlberechtigten Arbeitnehmer der Konzernunternehmen, der Arbeitgeber, der Konzernbetriebsrat oder eine im Konzern vertretene Gewerkschaft können beim Arbeitsgericht den Ausschluß eines Mitglieds aus dem Konzernbetriebsrat wegen grober Verletzung seiner gesetzlichen Pflichten beantragen.

§ 57 Erlöschen der Mitgliedschaft Die Mitgliedschaft im Konzernbetriebsrat endet mit dem Erlöschen der Mitgliedschaft im Gesamtbetriebsrat, durch Amtsniederlegung, durch Ausschluß aus dem Konzernbetriebsrat auf Grund einer gerichtlichen Entscheidung oder Abberufung durch den Gesamtbetriebsrat.

§ 58 Zuständigkeit (1) Der Konzernbetriebsrat ist zuständig für die Behandlung von Angelegenheiten, die den Konzern oder mehrere Konzernunternehmen betreffen und nicht durch die einzelnen Gesamtbetriebsräte innerhalb ihrer Unternehmen geregelt werden können. Er ist den einzelnen Gesamtbetriebsräten nicht übergeordnet.
(2) Der Gesamtbetriebsrat kann mit der Mehrheit der Stimmen seiner Mitglieder den Konzernbetriebsrat beauftragen, eine Angelegenheit für ihn zu behandeln. Der Gesamtbetriebsrat kann sich dabei die Entscheidungsbefugnis vorbehalten. § 27 Abs. 3 Satz 3 und 4 gilt entsprechend.

§ 59 Geschäftsführung (1) Für den Konzernbetriebsrat gelten § 25 Abs. 1, § 26 Abs. 1 und 3, § 27 Abs. 3 und 4, § 28 Abs. 1 Satz 1 und 3, Abs. 3, die §§ 30, 31, 34, 35, 36, 37 Abs. 1 bis 3 sowie die §§ 40, 41 und 51 Abs. 1 Satz 2 und Abs. 2, 4 bis 6 entsprechend.
(2) Ist ein Konzernbetriebsrat zu errichten, so hat der Gesamtbetriebsrat des herrschenden Unternehmens oder, soweit ein solcher Gesamtbetriebsrat nicht besteht, der Gesamtbetriebsrat des nach der Zahl der wahlberechtigten Arbeitnehmer größten Konzernunternehmens zu der Wahl des Vorsitzenden und des stellvertretenden Vorsitzenden des Konzernbetriebsrats einzuladen. Der Vorsitzende des einladenden Gesamtbetriebsrats hat die Sitzung zu leiten, bis der Konzernbetriebsrat aus seiner Mitte einen Wahlleiter bestellt hat. § 29 Abs. 2 bis 4 gilt entsprechend.

Dritter Teil – Jugend- und Auszubildendenvertretung

Erster Abschnitt – Betriebliche Jugend- und Auszubildendenvertretung

§ 60 Errichtung und Aufgabe (1) In Betrieben mit in der Regel mindestens fünf Arbeitnehmern, die das 18. Lebensjahr noch nicht vollendet haben (jugendliche Arbeitnehmer) oder die zu ihrer Berufsausbildung beschäftigt sind und das 25. Lebensjahr noch nicht vollendet haben, werden Jugend- und Auszubildendenvertretungen gewählt.
(2) Die Jugend- und Auszubildendenvertretung nimmt nach Maßgabe der folgenden Vorschriften die besonderen Belange der in Absatz 1 genannten Arbeitnehmer wahr.

§ 61 Wahlberechtigung und Wählbarkeit (1) Wahlberechtigt sind alle in § 60 Abs. 1 genannten Arbeitnehmer des Betriebs.
(2) Wählbar sind alle Arbeitnehmer des Betriebs, die das 25. Lebensjahr noch nicht vollendet haben; § 8 Abs. 1 Satz 3 findet Anwendung. Mitglieder des Betriebsrats können nicht zu Jugend- und Auszubildendenvertretern gewählt werden.

§ 62 Zahl der Jugend- und Auszubildendenvertreter, Zusammensetzung der Jugend- und Auszubildendenvertretung (1) Die Jugend- und Auszubildendenvertretung besteht in Betrieben mit in der Regel
5 bis 20 der in § 60 Abs. 1 genannten Arbeitnehmer aus 1 Jugend- und Auszubildendenvertreter,
21 bis 50 der in § 60 Abs. 1 genannten Arbeitnehmer aus 3 Jugend- und Auszubildendenvertretern,
51 bis 200 der in § 60 Abs. 1 genannten Arbeitnehmer aus 5 Jugend- und Auszubildendenvertretern,
201 bis 300 der in § 60 Abs. 1 genannten Arbeitnehmer aus 7 Jugend- und Auszubildendenvertretern,
301 bis 600 der in § 60 Abs. 1 genannten Arbeitnehmer aus 9 Jugend- und Auszubildendenvertretern,
601 bis 1000 der in § 60 Abs. 1 genannten Arbeitnehmer aus 11 Jugend- und Auszubildendenvertretern,
mehr als 1000 der in § 60 Abs. 1 genannten Arbeitnehmer aus 13 Jugend- und Auszubildendenvertretern.
(2) Die Jugend- und Auszubildendenvertretung soll sich möglichst aus Vertretern der verschiedenen Beschäftigungsarten und Ausbildungsberufe der im Betrieb tätigen in § 60 Abs. 1 genannten Arbeitnehmer zusammensetzen.
(3) Die Geschlechter sollen entsprechend ihrem zahlenmäßigen Verhältnis vertreten sein.

§ 63 Wahlvorschriften (1) Die Jugend- und Auszubildendenvertretung wird in geheimer, unmittelbarer und gemeinsamer Wahl gewählt.
(2) Spätestens acht Wochen vor Ablauf der Amtszeit der Jugend- und Auszubildendenvertretung bestellt der Betriebsrat den Wahlvorstand und seinen Vorsitzenden. Für die Wahl der Jugend- und Auszubildendenvertreter gelten § 14 Abs. 3 bis 5, 6 Satz 1 zweiter Halbsatz, Abs. 7 und 8, § 16 Abs. 1 Satz 6 und 7, § 18 Abs. 1 Satz 1 und Abs. 3 sowie die §§ 19 und 20 entsprechend.
(3) Bestellt der Betriebsrat den Wahlvorstand nicht oder nicht spätestens sechs Wochen vor Ablauf der Amtszeit der Jugend- und Auszubildendenvertretung oder kommt der Wahlvorstand seiner Verpflichtung nach § 18 Abs. 1 Satz 1 nicht nach, so gelten § 16 Abs. 2 Satz 1 und 2 und § 18 Abs. 1 Satz 2 entsprechend mit der Maßgabe, daß der Antrag beim Arbeitsgericht auch von jugendlichen Arbeitnehmern gestellt werden kann.

§ 64 Zeitpunkt der Wahlen und Amtszeit (1) Die regelmäßigen Wahlen der Jugend- und Auszubildendenvertretung finden alle zwei Jahre in der Zeit vom 1. Oktober bis zum 30. November statt. Für die Wahl der Jugend- und Auszubildendenvertretung außerhalb dieser Zeit gilt § 13 Abs. 2 Nr. 2 bis 6 und Abs. 3 entsprechend.
(2) Die regelmäßige Amtszeit der Jugend- und Auszubildendenvertretung beträgt zwei Jahre. Die Amtszeit beginnt mit der Bekanntgabe des Wahlergebnisses oder, wenn zu diesem Zeitpunkt noch eine Jugend- und Auszubildendenvertretung besteht, mit Ablauf von deren Amtszeit. Die Amtszeit endet spätestens am 30. No-

vember des Jahres, in dem nach Absatz 1 Satz 1 die regelmäßigen Wahlen stattfinden. In dem Fall des § 13 Abs. 3 Satz 2 endet die Amtszeit spätestens am 30. November des Jahres, in dem die Jugend- und Auszubildendenvertretung neu zu wählen ist. In dem Fall des § 13 Abs. 2 Nr. 2 endet die Amtszeit mit der Bekanntgabe des Wahlergebnisses der neu gewählten Jugend- und Auszubildendenvertretung.
(3) Ein Mitglied der Jugend- und Auszubildendenvertretung, das im Laufe der Amtszeit das 25. Lebensjahr vollendet, bleibt bis zum Ende der Amtszeit Mitglied der Jugend- und Auszubildendenvertretung.

§ 65 Geschäftsführung (1) Für die Jugend- und Auszubildendenvertretung gelten § 23 Abs. 1, § 24 Abs. 1, die §§ 25, 26 Abs. 1 Satz 1 und Abs. 3, die §§ 30, 31, 33 Abs. 1 und 2 sowie die §§ 34, 36, 37, 40 und 41 entsprechend.
(2) Die Jugend- und Auszubildendenvertretung kann nach Verständigung des Betriebsrats Sitzungen abhalten; § 29 gilt entsprechend. An diesen Sitzungen kann der Betriebsratsvorsitzende oder ein beauftragtes Betriebsratsmitglied teilnehmen.

§ 66 Aussetzung von Beschlüssen des Betriebsrats (1) Erachtet die Mehrheit der Jugend- und Auszubildendenvertreter einen Beschluß des Betriebsrats als eine erhebliche Beeinträchtigung wichtiger Interessen der in § 60 Abs. 1 genannten Arbeitnehmer, so ist auf ihren Antrag der Beschluß auf die Dauer von einer Woche auszusetzen, damit in dieser Frist eine Verständigung, gegebenenfalls mit Hilfe der im Betrieb vertretenen Gewerkschaften, versucht werden kann.
(2) Wird der erste Beschluß bestätigt, so kann der Antrag auf Aussetzung nicht wiederholt werden; dies gilt auch, wenn der erste Beschluß nur unerheblich geändert wird.

§ 67 Teilnahme an Betriebsratssitzungen (1) Die Jugend- und Auszubildendenvertretung kann zu allen Betriebsratssitzungen einen Vertreter entsenden. Werden Angelegenheiten behandelt, die besonders die in § 60 Abs. 1 genannten Arbeitnehmer betreffen, so hat zu diesen Tagesordnungspunkten die gesamte Jugend- und Auszubildendenvertretung ein Teilnahmerecht.
(2) Die Jugend- und Auszubildendenvertreter haben Stimmrecht, soweit die zu fassenden Beschlüsse des Betriebsrats überwiegend die in § 60 Abs. 1 genannten Arbeitnehmer betreffen.
(3) Die Jugend- und Auszubildendenvertretung kann beim Betriebsrat beantragen, Angelegenheiten, die besonders die in § 60 Abs. 1 genannten Arbeitnehmer betreffen und über die sie beraten hat, auf die nächste Tagesordnung zu setzen. Der Betriebsrat soll Angelegenheiten, die besonders die in § 60 Abs. 1 genannten Arbeitnehmer betreffen, der Jugend- und Auszubildendenvertretung zur Beratung zuleiten.

§ 68 Teilnahme an gemeinsamen Besprechungen Der Betriebsrat hat die Jugend- und Auszubildendenvertretung zu Besprechungen zwischen Arbeitgeber und Betriebsrat beizuziehen, wenn Angelegenheiten behandelt werden, die besonders die in § 60 Abs. 1 genannten Arbeitnehmer betreffen.

§ 69 Sprechstunden In Betrieben, die in der Regel mehr als fünfzig der in § 60 Abs. 1 genannten Arbeitnehmer beschäftigen, kann die Jugend- und Auszubildendenvertretung Sprechstunden während der Arbeitszeit einrichten. Zeit und Ort sind durch Betriebsrat und Arbeitgeber zu vereinbaren. § 39 Abs. 1 Satz 3 und 4 und Abs. 3 gilt entsprechend. An den Sprechstunden der Jugend- und Auszubildendenvertretung kann der Betriebsratsvorsitzende oder ein beauftragtes Betriebsratsmitglied beratend teilnehmen.

§ 70 Allgemeine Aufgaben (1) Die Jugend- und Auszubildendenvertretung hat folgende allgemeine Aufgaben:
1. Maßnahmen, die den in § 60 Abs. 1 genannten Arbeitnehmern dienen, insbesondere in Fragen der Berufsbildung, beim Betriebsrat zu beantragen;
2. darüber zu wachen, daß die zugunsten der in § 60 Abs. 1 genannten Arbeitnehmer geltenden Gesetze, Verordnungen, Unfallverhütungsvorschriften, Tarifverträge und Betriebsvereinbarungen durchgeführt werden;
3. Anregungen von in § 60 Abs. 1 genannten Arbeitnehmern, insbesondere in Fragen der Berufsbildung, entgegenzunehmen und, falls sie berechtigt erscheinen, beim Betriebsrat auf eine Erledigung hinzuwirken. Die Jugend- und Auszubildendenvertretung hat die betroffenen in § 60 Abs. 1 genannten Arbeitnehmer über den Stand und das Ergebnis der Verhandlungen zu informieren.

(2) Zur Durchführung ihrer Aufgaben ist die Jugend- und Auszubildendenvertretung durch den Betriebsrat rechtzeitig und umfassend zu unterrichten. Die Jugend- und Auszubildendenvertretung kann verlangen, daß ihr der Betriebsrat die zur Durchführung ihrer Aufgaben erforderlichen Unterlagen zur Verfügung stellt.

§ 71 Jugend- und Auszubildendenversammlung Die Jugend- und Auszubildendenvertretung kann vor oder nach jeder Betriebsversammlung im Einvernehmen mit dem Betriebsrat eine betriebliche Jugend- und Auszubildendenversammlung einberufen. Im Einvernehmen mit Betriebsrat und Arbeitgeber kann die betriebliche Jugend- und Auszubildendenversammlung auch zu einem anderen Zeitpunkt einberufen werden. § 43 Abs. 2 Satz 1 und 2, die §§ 44 bis 46 und § 65 Abs. 2 Satz 2 gelten entsprechend.

Zweiter Abschnitt – Gesamt-Jugend- und Auszubildendenvertretung

§ 72 Voraussetzungen der Errichtung, Mitgliederzahl, Stimmengewicht

(1) Bestehen in einem Unternehmen mehrere Jugend- und Auszubildendenvertretungen, so ist eine Gesamt-Jugend- und Auszubildendenvertretung zu errichten.
(2) In die Gesamt-Jugend- und Auszubildendenvertretung entsendet jede Jugend- und Auszubildendenvertretung ein Mitglied.
(3) Die Jugend- und Auszubildendenvertretung hat für das Mitglied der Gesamt-Jugend- und Auszubildendenvertretung mindestens ein Ersatzmitglied zu bestellen und die Reihenfolge des Nachrückens festzulegen.
(4) Durch Tarifvertrag oder Betriebsvereinbarung kann die Mitgliederzahl der Gesamt-Jugend- und Auszubildendenvertretung abweichend von Absatz 2 geregelt werden.

(5) Gehören nach Absatz 2 der Gesamt-Jugend- und Auszubildendenvertretung mehr als zwanzig Mitglieder an und besteht keine tarifliche Regelung nach Absatz 4, so ist zwischen Gesamtbetriebsrat und Arbeitgeber eine Betriebsvereinbarung über die Mitgliederzahl der Gesamt-Jugend- und Auszubildendenvertretung abzuschließen, in der bestimmt wird, daß Jugend- und Auszubildendenvertretungen mehrerer Betriebe eines Unternehmens, die regional oder durch gleichartige Interessen miteinander verbunden sind, gemeinsam Mitglieder in die Gesamt-Jugend- und Auszubildendenvertretung entsenden. Satz 1 gilt entsprechend für die Abberufung der Gesamt-Jugend- und Auszubildendenvertretung und die Bestellung von Ersatzmitgliedern.
(6) Kommt im Fall des Absatzes 5 eine Einigung nicht zustande, so entscheidet eine für das Gesamtunternehmen zu bildende Einigungsstelle. Der Spruch der Einigungsstelle ersetzt die Einigung zwischen Arbeitgeber und Gesamtbetriebsrat.
(7) Jedes Mitglied der Gesamt-Jugend- und Auszubildendenvertretung hat so viele Stimmen, wie in dem Betrieb, in dem es gewählt wurde, in § 60 Abs. 1 genannte Arbeitnehmer in der Wählerliste eingetragen sind. Ist ein Mitglied der Gesamt-Jugend- und Auszubildendenvertretung für mehrere Betriebe entsandt worden, so hat es so viele Stimmen, wie in den Betrieben, für die es entsandt ist, in § 60 Abs. 1 genannte Arbeitnehmer in den Wählerlisten eingetragen sind. Sind mehrere Mitglieder der Jugend- und Auszubildendenvertretung entsandt worden, so stehen diesen die Stimmen nach Satz 1 anteilig zu.

§ 73 Geschäftsführung und Geltung sonstiger Vorschriften (1) Die Gesamt-Jugend- und Auszubildendenvertretung kann nach Verständigung des Gesamtbetriebsrats Sitzungen abhalten. An den Sitzungen kann der Vorsitzende des Gesamtbetriebsrats oder ein beauftragtes Mitglied des Gesamtbetriebsrats teilnehmen.
(2) Für die Gesamt-Jugend- und Auszubildendenvertretung gelten § 25 Abs. 1 und 3, § 26 Abs. 1 Satz 1 und Abs. 3, die §§ 30, 31, 34, 36, 37 Abs. 1 bis 3, die §§ 40, 41, 48, 49, 50, 51 Abs. 3, 4 und 6 sowie die §§ 66 bis 68 entsprechend.

Vierter Teil – Mitwirkung und Mitbestimmung der Arbeitnehmer

Erster Abschnitt – Allgemeines

§ 74 Grundsätze für die Zusammenarbeit (1) Arbeitgeber und Betriebsrat sollen mindestens einmal im Monat zu einer Besprechung zusammentreten. Sie haben über strittige Fragen mit dem ernsten Willen zur Einigung zu verhandeln und Vorschläge für die Beilegung von Meinungsverschiedenheiten zu machen.
(2) Maßnahmen des Arbeitskampfes zwischen Arbeitgeber und Betriebsrat sind unzulässig; Arbeitskämpfe tariffähiger Parteien werden hierdurch nicht berührt. Arbeitgeber und Betriebsrat haben Betätigungen zu unterlassen, durch die der Arbeitsablauf oder der Frieden des Betriebs beeinträchtigt werden. Sie haben jede parteipolitische Betätigung im Betrieb zu unterlassen; die Behandlung von Angelegenheiten tarifpolitischer, sozialpolitischer und wirtschaftlicher Art, die den

Betrieb oder seine Arbeitnehmer unmittelbar betreffen, wird hierdurch nicht berührt.
(3) Arbeitnehmer, die im Rahmen dieses Gesetzes Aufgaben übernehmen, werden hierdurch in der Betätigung für ihre Gewerkschaft auch im Betrieb nicht beschränkt.

§ 75 Grundsätze für die Behandlung der Betriebsangehörigen (1) Arbeitgeber und Betriebsrat haben darüber zu wachen, daß alle im Betrieb tätigen Personen nach den Grundsätzen von Recht und Billigkeit behandelt werden, insbesondere, daß jede unterschiedliche Behandlung von Personen wegen ihrer Abstammung, Religion, Nationalität, Herkunft, politischen oder gewerkschaftlichen Betätigung oder Einstellung oder wegen ihres Geschlechts unterbleibt. Sie haben darauf zu achten, daß Arbeitnehmer nicht wegen Überschreitung bestimmter Altersstufen benachteiligt werden.
(2) Arbeitgeber und Betriebsrat haben die freie Entfaltung der Persönlichkeit der im Betrieb beschäftigten Arbeitnehmer zu schützen und zu fördern.

§ 76 Einigungsstelle (1) Zur Beilegung von Meinungsverschiedenheiten zwischen Arbeitgeber und Betriebsrat, Gesamtbetriebsrat oder Konzernbetriebsrat ist bei Bedarf eine Einigungsstelle zu bilden. Durch Betriebsvereinbarung kann eine ständige Einigungsstelle errichtet werden.
(2) Die Einigungsstelle besteht aus einer gleichen Anzahl von Beisitzern, die vom Arbeitgeber und Betriebsrat bestellt werden, und einem unparteiischen Vorsitzenden, auf dessen Person sich beide Seiten einigen müssen. Kommt eine Einigung über die Person des Vorsitzenden nicht zustande, so bestellt ihn das Arbeitsgericht. Dieses entscheidet auch, wenn kein Einverständnis über die Zahl der Beisitzer erzielt wird.
(3) Die Einigungsstelle faßt ihre Beschlüsse nach mündlicher Beratung mit Stimmenmehrheit. Bei der Beschlußfassung hat sich der Vorsitzende zunächst der Stimme zu enthalten; kommt eine Stimmenmehrheit nicht zustande, so nimmt der Vorsitzende nach weiterer Beratung an der erneuten Beschlußfassung teil. Die Beschlüsse der Einigungsstelle sind schriftlich niederzulegen, vom Vorsitzenden zu unterschreiben und Arbeitgeber und Betriebsrat zuzuleiten.
(4) Durch Betriebsvereinbarung können weitere Einzelheiten des Verfahrens vor der Einigungsstelle geregelt werden.
(5) In den Fällen, in denen der Spruch der Einigungsstelle die Einigung zwischen Arbeitgeber und Betriebsrat ersetzt, wird die Einigungsstelle auf Antrag einer Seite tätig. Benennt eine Seite keine Mitglieder oder bleiben die von einer Seite genannten Mitglieder trotz rechtzeitiger Einladung der Sitzung fern, so entscheiden der Vorsitzende und die erschienenen Mitglieder nach Maßgabe des Absatzes 3 allein. Die Einigungsstelle faßt ihre Beschlüsse unter angemessener Berücksichtigung der Belange des Betriebs und der betroffenen Arbeitnehmer nach billigem Ermessen. Die Überschreitung der Grenzen des Ermessens kann durch den Arbeitgeber oder den Betriebsrat nur binnen einer Frist von zwei Wochen, vom Tage der Zuleitung des Beschlusses an gerechnet, beim Arbeitsgericht geltend gemacht werden.

(6) Im übrigen wird die Einigungsstelle nur tätig, wenn beide Seiten es beantragen oder mit ihrem Tätigwerden einverstanden sind. In diesen Fällen ersetzt ihr Spruch die Einigung zwischen Arbeitgeber und Betriebsrat nur, wenn beide Seiten sich dem Spruch im voraus unterworfen oder ihn nachträglich angenommen haben.
(7) Soweit nach anderen Vorschriften der Rechtsweg gegeben ist, wird er durch den Spruch der Einigungsstelle nicht ausgeschlossen.
(8) Durch Tarifvertrag kann bestimmt werden, daß an die Stelle der in Absatz 1 bezeichneten Einigungsstelle eine tarifliche Schlichtungsstelle tritt.

§ 76a Kosten der Einigungsstelle (1) Die Kosten der Einigungsstelle trägt der Arbeitgeber.
(2) Die Beisitzer der Einigungsstelle, die dem Betrieb angehören, erhalten für ihre Tätigkeit keine Vergütung; § 37 Abs. 2 und 3 gilt entsprechend. Ist die Einigungsstelle zur Beilegung von Meinungsverschiedenheiten zwischen Arbeitgeber und Gesamtbetriebsrat oder Konzernbetriebsrat zu bilden, so gilt Satz 1 für die einem Betrieb des Unternehmens oder eines Konzernunternehmens angehörenden Beisitzer entsprechend.
(3) Der Vorsitzende und die Beisitzer der Einigungsstelle, die nicht zu den in Absatz 2 genannten Personen zählen, haben gegenüber dem Arbeitgeber Anspruch auf Vergütung ihrer Tätigkeit. Die Höhe der Vergütung richtet sich nach den Grundsätzen des Absatzes 4 Satz 3 bis 5.
(4) Der Bundesminister für Arbeit und Sozialordnung kann durch Rechtsverordnung die Vergütung nach Absatz 3 regeln. In der Vergütungsordnung sind Höchstsätze festzusetzen. Dabei sind insbesondere der erforderliche Zeitaufwand, die Schwierigkeit der Streitigkeit sowie ein Verdienstausfall zu berücksichtigen. Die Vergütung der Beisitzer ist niedriger zu bemessen als die des Vorsitzenden. Bei der Festsetzung der Höchstsätze ist den berechtigten Interessen der Mitglieder der Einigungsstelle und des Arbeitgebers Rechnung zu tragen.
(5) Von Absatz 3 und einer Vergütungsordnung nach Absatz 4 kann durch Tarifvertrag oder in einer Betriebsvereinbarung, wenn ein Tarifvertrag dies zuläßt oder eine tarifliche Regelung nicht besteht, abgewichen werden.

§ 77 Durchführung gemeinsamer Beschlüsse, Betriebsvereinbarungen
(1) Vereinbarungen zwischen Betriebsrat und Arbeitgeber, auch soweit sie auf einem Spruch der Einigungsstelle beruhen, führt der Arbeitgeber durch, es sei denn, daß im Einzelfall etwas anderes vereinbart ist. Der Betriebsrat darf nicht durch einseitige Handlungen in die Leitung des Betriebs eingreifen.
(2) Betriebsvereinbarungen sind von Betriebsrat und Arbeitgeber gemeinsam zu beschließen und schriftlich niederzulegen. Sie sind von beiden Seiten zu unterzeichnen; dies gilt nicht, soweit Betriebsvereinbarungen auf einem Spruch der Einigungsstelle beruhen. Der Arbeitgeber hat die Betriebsvereinbarungen an geeigneter Stelle im Betrieb auszulegen.
(3) Arbeitsentgelte und sonstige Arbeitsbedingungen, die durch Tarifvertrag geregelt sind oder üblicherweise geregelt werden, können nicht Gegenstand einer

Betriebsvereinbarung sein. Dies gilt nicht, wenn ein Tarifvertrag den Abschluß ergänzender Betriebsvereinbarungen ausdrücklich zuläßt.
(4) Betriebsvereinbarungen gelten unmittelbar und zwingend. Werden Arbeitnehmern durch die Betriebsvereinbarung Rechte eingeräumt, so ist ein Verzicht auf sie nur mit Zustimmung des Betriebsrats zulässig. Die Verwirkung dieser Rechte ist ausgeschlossen. Ausschlußfristen für ihre Geltendmachung sind nur insoweit zulässig, als sie in einem Tarifvertrag oder einer Betriebsvereinbarung vereinbart werden; dasselbe gilt für die Abkürzung der Verjährungsfristen.
(5) Betriebsvereinbarungen können, soweit nichts anderes vereinbart ist, mit einer Frist von drei Monaten gekündigt werden.
(6) Nach Ablauf einer Betriebsvereinbarung gelten ihre Regelungen in Angelegenheiten, in denen ein Spruch der Einigungsstelle die Einigung zwischen Arbeitgeber und Betriebsrat ersetzen kann, weiter, bis sie durch eine andere Abmachung ersetzt werden.

§ 78 Schutzbestimmungen Die Mitglieder des Betriebsrats, des Gesamtbetriebsrats, des Konzernbetriebsrats, der Jugend- und Auszubildendenvertretung, der Gesamt-Jugend- und Auszubildendenvertretung, des Wirtschaftsausschusses, der Bordvertretung, des Seebetriebsrats, der in § 3 Abs. 1 Nr. 1 und 2 genannten Vertretungen der Arbeitnehmer, der Einigungsstelle, einer tariflichen Schlichtungsstelle (§ 76 Abs. 8) und einer betrieblichen Beschwerdestelle (§ 86) dürfen in der Ausübung ihrer Tätigkeit nicht gestört oder behindert werden. Sie dürfen wegen ihrer Tätigkeit nicht benachteiligt oder begünstigt werden; dies gilt auch für ihre berufliche Entwicklung.

§ 78a Schutz Auszubildender in besonderen Fällen (1) Beabsichtigt der Arbeitgeber, einen Auszubildenden, der Mitglied der Jugend- und Auszubildendenvertretung, des Betriebsrats, der Bordvertretung oder des Seebetriebsrats ist, nach Beendigung des Berufsausbildungsverhältnisses nicht in ein Arbeitsverhältnis auf unbestimmte Zeit zu übernehmen, so hat er dies drei Monate vor Beendigung des Berufsausbildungsverhältnisses dem Auszubildenden schriftlich mitzuteilen.
(2) Verlangt ein in Absatz 1 genannter Auszubildender innerhalb der letzten drei Monate vor Beendigung des Berufsausbildungsverhältnisses schriftlich vom Arbeitgeber die Weiterbeschäftigung, so gilt zwischen Auszubildendem und Arbeitgeber im Anschluß an das Berufsausbildungsverhältnis ein Arbeitsverhältnis auf unbestimmte Zeit als begründet. Auf dieses Arbeitsverhältnis ist insbesondere § 37 Abs. 4 und 5 entsprechend anzuwenden.
(3) Die Absätze 1 und 2 gelten auch, wenn das Berufsausbildungsverhältnis vor Ablauf eines Jahres nach Beendigung der Amtszeit der Jugend- und Auszubildendenvertretung, des Betriebsrats, der Bordvertretung oder des Seebetriebsrats endet.
(4) Der Arbeitgeber kann spätestens bis zum Ablauf von zwei Wochen nach Beendigung des Berufsausbildungsverhältnisses beim Arbeitsgericht beantragen,
1. festzustellen, daß ein Arbeitsverhältnis nach Absatz 2 oder 3 nicht begründet wird, oder
2. das bereits nach Absatz 2 oder 3 begründete Arbeitsverhältnis aufzulösen,

wenn Tatsachen vorliegen, auf Grund derer dem Arbeitgeber unter Berücksichtigung aller Umstände die Weiterbeschäftigung nicht zugemutet werden kann. In dem Verfahren vor dem Arbeitsgericht sind der Betriebsrat, die Bordvertretung, der Seebetriebsrat, bei Mitgliedern der Jugend- und Auszubildendenvertretung auch diese Beteiligte.
(5) Die Absätze 2 bis 4 finden unabhängig davon Anwendung, ob der Arbeitgeber seiner Mitteilungspflicht nach Absatz 1 nachgekommen ist.

§ 79 Geheimhaltungspflicht (1) Die Mitglieder und Ersatzmitglieder des Betriebsrats sind verpflichtet, Betriebs- oder Geschäftsgeheimnisse, die ihnen wegen ihrer Zugehörigkeit zum Betriebsrat bekanntgeworden und vom Arbeitgeber ausdrücklich als geheimhaltungsbedürftig bezeichnet worden sind, nicht zu offenbaren und nicht zu verwerten. Dies gilt auch nach dem Ausscheiden aus dem Betriebsrat. Die Verpflichtung gilt nicht gegenüber Mitgliedern des Betriebsrats. Sie gilt ferner nicht gegenüber dem Gesamtbetriebsrat, dem Konzernbetriebsrat, der Bordvertretung, dem Seebetriebsrat und den Arbeitnehmervertretern im Aufsichtsrat sowie im Verfahren vor der Einigungsstelle, der tariflichen Schlichtungsstelle (§ 76 Abs. 8) oder einer betrieblichen Beschwerdestelle (§ 86).
(2) Absatz 1 gilt sinngemäß für die Mitglieder und Ersatzmitglieder des Gesamtbetriebsrats, des Konzernbetriebsrats, der Jugend- und Auszubildendenvertretung, der Gesamt-Jugend- und Auszubildendenvertretung, des Wirtschaftsausschusses, der Bordvertretung, des Seebetriebsrats, der gemäß § 3 Abs. 1 Nr. 1 und 2 gebildeten Vertretungen der Arbeitnehmer, der Einigungsstelle, der tariflichen Schlichtungsstelle (§ 76 Abs. 8) und einer betrieblichen Beschwerdestelle (§ 86) sowie für die Vertreter von Gewerkschaften oder von Arbeitgebervereinigungen.

§ 80 Allgemeine Aufgaben (1) Der Betriebsrat hat folgende allgemeine Aufgaben:
1. darüber zu wachen, daß die zugunsten der Arbeitnehmer geltenden Gesetze, Verordnungen, Unfallverhütungsvorschriften, Tarifverträge und Betriebsvereinbarungen durchgeführt werden;
2. Maßnahmen, die dem Betrieb und der Belegschaft dienen, beim Arbeitgeber zu beantragen;
2a. die Durchsetzung der tatsächlichen Gleichberechtigung von Frauen und Männern, insbesondere bei der Einstellung, Beschäftigung, Aus-, Fort- und Weiterbildung und dem beruflichen Aufstieg, zu fördern;
3. Anregungen von Arbeitnehmern und der Jugend- und Auszubildendenvertretung entgegenzunehmen und, falls sie berechtigt erscheinen, durch Verhandlungen mit dem Arbeitgeber auf eine Erledigung hinzuwirken; er hat die betreffenden Arbeitnehmer über den Stand und das Ergebnis der Verhandlungen zu unterrichten;
4. die Eingliederung Schwerbehinderter und sonstiger besonders schutzbedürftiger Personen zu fördern;
5. die Wahl einer Jugend- und Auszubildendenvertretung vorzubereiten und durchzuführen und mit dieser zur Förderung der Belange der in § 60 Abs. 1

genannten Arbeitnehmer eng zusammenzuarbeiten; er kann von der Jugend- und Auszubildendenvertretung Vorschläge und Stellungnahmen anfordern;
6. die Beschäftigung älterer Arbeitnehmer im Betrieb zu fördern;
7. die Eingliederung ausländischer Arbeitnehmer im Betrieb und das Verständnis zwischen ihnen und den deutschen Arbeitnehmern zu fördern.

(2) Zur Durchführung seiner Aufgaben nach diesem Gesetz ist der Betriebsrat rechtzeitig und umfassend vom Arbeitgeber zu unterrichten. Ihm sind auf Verlangen jederzeit die zur Durchführung seiner Aufgaben erforderlichen Unterlagen zur Verfügung zu stellen; in diesem Rahmen ist der Betriebsausschuß oder ein nach § 28 gebildeter Ausschuß berechtigt, in die Listen über die Bruttolöhne und -gehälter Einblick zu nehmen.

(3) Der Betriebsrat kann bei der Durchführung seiner Aufgaben nach näherer Vereinbarung mit dem Arbeitgeber Sachverständige hinzuziehen, soweit dies zur ordnungsgemäßen Erfüllung seiner Aufgaben erforderlich ist. Für die Geheimhaltungspflicht der Sachverständigen gilt § 79 entsprechend.

Zweiter Abschnitt – Mitwirkungs- und Beschwerderecht des Arbeitnehmers

§ 81 Unterrichtungs- und Erörterungspflicht des Arbeitgebers (1) Der Arbeitgeber hat den Arbeitnehmer über dessen Aufgabe und Verantwortung sowie über die Art seiner Tätigkeit und ihre Einordnung in den Arbeitsablauf des Betriebs zu unterrichten. Er hat den Arbeitnehmer vor Beginn der Beschäftigung über die Unfall- und Gesundheitsgefahren, denen dieser bei der Beschäftigung ausgesetzt ist, sowie über die Maßnahmen und Einrichtungen zur Abwendung dieser Gefahren und die nach § 10 Abs. 2 des Arbeitsschutzgesetzes getroffenen Maßnahmen zu belehren.

(2) Über Veränderungen in seinem Arbeitsbereich ist der Arbeitnehmer rechtzeitig zu unterrichten. Absatz 1 gilt entsprechend.

(3) In Betrieben, in denen kein Betriebsrat besteht, hat der Arbeitgeber die Arbeitnehmer zu allen Maßnahmen zu hören, die Auswirkungen auf Sicherheit und Gesundheit der Arbeitnehmer haben können.

(4) Der Arbeitgeber hat den Arbeitnehmer über die auf Grund einer Planung von technischen Anlagen, von Arbeitsverfahren und Arbeitsabläufen oder der Arbeitsplätze vorgesehenen Maßnahmen und ihre Auswirkungen auf seinen Arbeitsplatz, die Arbeitsumgebung sowie auf Inhalt und Art seiner Tätigkeit zu unterrichten. Sobald feststeht, daß sich die Tätigkeit des Arbeitnehmers ändern wird und seine beruflichen Kenntnisse und Fähigkeiten zur Erfüllung seiner Aufgaben nicht ausreichen, hat der Arbeitgeber mit dem Arbeitnehmer zu erörtern, wie dessen berufliche Kenntnisse und Fähigkeiten im Rahmen der betrieblichen Möglichkeiten den künftigen Anforderungen angepaßt werden können. Der Arbeitnehmer kann bei der Erörterung ein Mitglied des Betriebsrats hinzuziehen.

§ 82 Anhörungs- und Erörterungsrecht des Arbeitnehmers (1) Der Arbeitnehmer hat das Recht, in betrieblichen Angelegenheiten, die seine Person betref-

fen, von den nach Maßgabe des organisatorischen Aufbaus des Betriebs hierfür zuständigen Personen gehört zu werden. Er ist berechtigt, zu Maßnahmen des Arbeitgebers, die ihn betreffen, Stellung zu nehmen sowie Vorschläge für die Gestaltung des Arbeitsplatzes und des Arbeitsablaufs zu machen.
(2) Der Arbeitnehmer kann verlangen, daß ihm die Berechnung und Zusammensetzung seines Arbeitsentgelts erläutert und daß mit ihm die Beurteilung seiner Leistungen sowie die Möglichkeiten seiner beruflichen Entwicklung im Betrieb erörtert werden. Er kann ein Mitglied des Betriebsrats hinzuziehen. Das Mitglied des Betriebsrats hat über den Inhalt dieser Verhandlungen Stillschweigen zu bewahren, soweit es vom Arbeitnehmer im Einzelfall nicht von dieser Verpflichtung entbunden wird.

§ 83 Einsicht in die Personalakten (1) Der Arbeitnehmer hat das Recht, in die über ihn geführten Personalakten Einsicht zu nehmen. Er kann hierzu ein Mitglied des Betriebsrats hinzuziehen. Das Mitglied des Betriebsrats hat über den Inhalt der Personalakte Stillschweigen zu bewahren, soweit es vom Arbeitnehmer im Einzelfall nicht von dieser Verpflichtung entbunden wird.
(2) Erklärungen des Arbeitnehmers zum Inhalt der Personalakte sind dieser auf sein Verlangen beizufügen.

§ 84 Beschwerderecht (1) Jeder Arbeitnehmer hat das Recht, sich bei den zuständigen Stellen des Betriebs zu beschweren, wenn er sich vom Arbeitgeber oder von Arbeitnehmern des Betriebs benachteiligt oder ungerecht behandelt oder in sonstiger Weise beeinträchtigt fühlt. Er kann ein Mitglied des Betriebsrats zur Unterstützung oder Vermittlung hinzuziehen.
(2) Der Arbeitgeber hat den Arbeitnehmer über die Behandlung der Beschwerde zu bescheiden und, soweit er die Beschwerde für berechtigt erachtet, ihr abzuhelfen.
(3) Wegen der Erhebung einer Beschwerde dürfen dem Arbeitnehmer keine Nachteile entstehen.

§ 85 Behandlung von Beschwerden durch den Betriebsrat (1) Der Betriebsrat hat Beschwerden von Arbeitnehmern entgegenzunehmen und, falls er sie für berechtigt erachtet, beim Arbeitgeber auf Abhilfe hinzuwirken.
(2) Bestehen zwischen Betriebsrat und Arbeitgeber Meinungsverschiedenheiten über die Berechtigung der Beschwerde, so kann der Betriebsrat die Einigungsstelle anrufen. Der Spruch der Einigungsstelle ersetzt die Einigung zwischen Arbeitgeber und Betriebsrat. Dies gilt nicht, soweit Gegenstand der Beschwerde ein Rechtsanspruch ist.
(3) Der Arbeitgeber hat den Betriebsrat über die Behandlung der Beschwerde zu unterrichten. § 84 Abs. 2 bleibt unberührt.

§ 86 Ergänzende Vereinbarungen Durch Tarifvertrag oder Betriebsvereinbarung können die Einzelheiten des Beschwerdeverfahrens geregelt werden. Hierbei kann bestimmt werden, daß in den Fällen des § 85 Abs. 2 an die Stelle der Einigungsstelle eine betriebliche Beschwerdestelle tritt.

Dritter Abschnitt – Soziale Angelegenheiten

§ 87 Mitbestimmungsrechte (1) Der Betriebsrat hat, soweit eine gesetzliche oder tarifliche Regelung nicht besteht, in folgenden Angelegenheiten mitzubestimmen:

1. Fragen der Ordnung des Betriebs und des Verhaltens der Arbeitnehmer im Betrieb;
2. Beginn und Ende der täglichen Arbeitszeit einschließlich der Pausen sowie Verteilung der Arbeitszeit auf die einzelnen Wochentage;
3. vorübergehende Verkürzung oder Verlängerung der betriebsüblichen Arbeitszeit;
4. Zeit, Ort und Art der Auszahlung der Arbeitsentgelte;
5. Aufstellung allgemeiner Urlaubsgrundsätze und des Urlaubsplans sowie die Festsetzung der zeitlichen Lage des Urlaubs für einzelne Arbeitnehmer, wenn zwischen dem Arbeitgeber und den beteiligten Arbeitnehmern kein Einverständnis erzielt wird;
6. Einführung und Anwendung von technischen Einrichtungen, die dazu bestimmt sind, das Verhalten oder die Leistung der Arbeitnehmer zu überwachen;
7. Regelungen über die Verhütung von Arbeitsunfällen und Berufskrankheiten sowie über den Gesundheitsschutz im Rahmen der gesetzlichen Vorschriften oder der Unfallverhütungsvorschriften;
8. Form, Ausgestaltung und Verwaltung von Sozialeinrichtungen, deren Wirkungsbereich auf den Betrieb, das Unternehmen oder den Konzern beschränkt ist;
9. Zuweisung und Kündigung von Wohnräumen, die den Arbeitnehmern mit Rücksicht auf das Bestehen eines Arbeitsverhältnisses vermietet werden, sowie die allgemeine Festlegung der Nutzungsbedingungen;
10. Fragen der betrieblichen Lohngestaltung, insbesondere die Aufstellung von Entlohnungsgrundsätzen und die Einführung und Anwendung von neuen Entlohnungsmethoden sowie deren Änderung;
11. Festsetzung der Akkord- und Prämiensätze und vergleichbarer leistungsbezogener Entgelte, einschließlich der Geldfaktoren;
12. Grundsätze über das betriebliche Vorschlagswesen.

(2) Kommt eine Einigung über eine Angelegenheit nach Absatz 1 nicht zustande, so entscheidet die Einigungsstelle. Der Spruch der Einigungsstelle ersetzt die Einigung zwischen Arbeitgeber und Betriebsrat.

§ 88 Freiwillige Betriebsvereinbarungen Durch Betriebsvereinbarung können insbesondere geregelt werden

1. zusätzliche Maßnahmen zur Verhütung von Arbeitsunfällen und Gesundheitsschädigungen;
2. die Errichtung von Sozialeinrichtungen, deren Wirkungsbereich auf den Betrieb, das Unternehmen oder den Konzern beschränkt ist;
3. Maßnahmen zur Förderung der Vermögensbildung.

§ 89 Arbeitsschutz (1) Der Betriebsrat hat bei der Bekämpfung von Unfall- und Gesundheitsgefahren die für den Arbeitsschutz zuständigen Behörden, die Träger der gesetzlichen Unfallversicherung und die sonstigen in Betracht kommenden Stellen durch Anregung, Beratung und Auskunft zu unterstützen sowie sich für die Durchführung der Vorschriften über den Arbeitsschutz und die Unfallverhütung im Betrieb einzusetzen.
(2) Der Arbeitgeber und die in Absatz 1 genannten Stellen sind verpflichtet, den Betriebsrat oder die von ihm bestimmten Mitglieder des Betriebsrats bei allen im Zusammenhang mit dem Arbeitsschutz oder der Unfallverhütung stehenden Besichtigungen und Fragen und bei Unfalluntersuchungen hinzuzuziehen. Der Arbeitgeber hat dem Betriebsrat unverzüglich die den Arbeitsschutz und die Unfallverhütung betreffenden Auflagen und Anordnungen der in Absatz 1 genannten Stellen mitzuteilen.
(3) An den Besprechungen des Arbeitgebers mit den Sicherheitsbeauftragten im Rahmen des § 22 Abs. 2 des Siebten Buches Sozialgesetzbuch nehmen vom Betriebsrat beauftragte Betriebsratsmitglieder teil.
(4) Der Betriebsrat erhält die Niederschriften über Untersuchungen, Besichtigungen und Besprechungen, zu denen er nach den Absätzen 2 und 3 hinzuzuziehen ist.
(5) Der Arbeitgeber hat dem Betriebsrat eine Durchschrift der nach § 193 Abs. 5 des Siebten Buches Sozialgesetzbuch vom Betriebsrat zu unterschreibenden Unfallanzeige auszuhändigen.

Vierter Abschnitt – Gestaltung von Arbeitsplatz, Arbeitsablauf und Arbeitsumgebung

§ 90 Unterrichtungs- und Beratungsrechte (1) Der Arbeitgeber hat den Betriebsrat über die Planung
1. von Neu-, Um- und Erweiterungsbauten von Fabrikations-, Verwaltungs- und sonstigen betrieblichen Räumen,
2. von technischen Anlagen,
3. von Arbeitsverfahren und Arbeitsabläufen oder
4. der Arbeitsplätze

rechtzeitig unter Vorlage der erforderlichen Unterlagen zu unterrichten.
(2) Der Arbeitgeber hat mit dem Betriebsrat die vorgesehenen Maßnahmen und ihre Auswirkungen auf die Arbeitnehmer, insbesondere auf die Art ihrer Arbeit sowie die sich daraus ergebenden Anforderungen an die Arbeitnehmer, so rechtzeitig zu beraten, daß Vorschläge und Bedenken des Betriebsrats bei der Planung berücksichtigt werden können. Arbeitgeber und Betriebsrat sollen dabei die gesicherten arbeitswissenschaftlichen Erkenntnisse über die menschengerechte Gestaltung der Arbeit berücksichtigen.

§ 91 Mitbestimmungsrecht Werden die Arbeitnehmer durch Änderungen der Arbeitsplätze, des Arbeitsablaufs oder der Arbeitsumgebung, die den gesicherten arbeitswissenschaftlichen Erkenntnissen über die menschengerechte Gestaltung der Arbeit offensichtlich widersprechen, in besonderer Weise belastet, so kann der Betriebsrat angemessene Maßnahmen zur Abwendung, Milderung oder zum Ausgleich der Belastung verlangen. Kommt eine Einigung nicht zustande, so entscheidet die Einigungsstelle. Der Spruch der Einigungsstelle ersetzt die Einigung zwischen Arbeitgeber und Betriebsrat.

Fünfter Abschnitt – Personelle Angelegenheiten

Erster Unterabschnitt – Allgemeine personelle Angelegenheiten

§ 92 Personalplanung (1) Der Arbeitgeber hat den Betriebsrat über die Personalplanung, insbesondere über den gegenwärtigen und künftigen Personalbedarf sowie über die sich daraus ergebenden personellen Maßnahmen und Maßnahmen der Berufsbildung, an Hand von Unterlagen rechtzeitig und umfassend zu unterrichten. Er hat mit dem Betriebsrat über Art und Umfang der erforderlichen Maßnahmen und über die Vermeidung von Härten zu beraten.
(2) Der Betriebsrat kann dem Arbeitgeber Vorschläge für die Einführung einer Personalplanung einschließlich Maßnahmen im Sinne des § 80 Abs. 1 Nr. 2a und ihre Durchführung machen.

§ 93 Ausschreibung von Arbeitsplätzen Der Betriebsrat kann verlangen, daß Arbeitsplätze, die besetzt werden sollen, allgemein oder für bestimmte Arten von Tätigkeiten vor ihrer Besetzung innerhalb des Betriebs ausgeschrieben werden. Er kann anregen, daß sie auch als Teilzeitarbeitsplätze ausgeschrieben werden. Ist der Arbeitgeber bereit, Arbeitsplätze auch mit Teilzeitbeschäftigten zu besetzen, ist hierauf in der Ausschreibung hinzuweisen.

§ 94 Personalfragebogen, Beurteilungsgrundsätze (1) Personalfragebogen bedürfen der Zustimmung des Betriebsrats. Kommt eine Einigung über ihren Inhalt nicht zustande, so entscheidet die Einigungsstelle. Der Spruch der Einigungsstelle ersetzt die Einigung zwischen Arbeitgeber und Betriebsrat.
(2) Absatz 1 gilt entsprechend für persönliche Angaben in schriftlichen Arbeitsverträgen, die allgemein für den Betrieb verwendet werden sollen, sowie für die Aufstellung allgemeiner Beurteilungsgrundsätze.

§ 95 Auswahlrichtlinien (1) Richtlinien über die personelle Auswahl bei Einstellungen, Versetzungen, Umgruppierungen und Kündigungen bedürfen der Zustimmung des Betriebsrats. Kommt eine Einigung über die Richtlinien oder ihren Inhalt nicht zustande, so entscheidet auf Antrag des Arbeitgebers die Einigungsstelle. Der Spruch der Einigungsstelle ersetzt die Einigung zwischen Arbeitgeber und Betriebsrat.
(2) In Betrieben mit mehr als 1000 Arbeitnehmern kann der Betriebsrat die Aufstellung von Richtlinien über die bei Maßnahmen des Absatzes 1 Satz 1 zu beachtenden fachlichen und persönlichen Voraussetzungen und sozialen Gesichtspunkte verlangen. Kommt eine Einigung über die Richtlinien oder ihren Inhalt nicht zustande, so entscheidet die Einigungsstelle. Der Spruch der Einigungsstelle ersetzt die Einigung zwischen Arbeitgeber und Betriebsrat.
(3) Versetzung im Sinne dieses Gesetzes ist die Zuweisung eines anderen Arbeitsbereichs, die voraussichtlich die Dauer von einem Monat überschreitet oder

die mit einer erheblichen Änderung der Umstände verbunden ist, unter denen die Arbeit zu leisten ist. Werden Arbeitnehmer nach der Eigenart ihres Arbeitsverhältnisses üblicherweise nicht ständig an einem bestimmten Arbeitsplatz beschäftigt, so gilt die Bestimmung des jeweiligen Arbeitsplatzes nicht als Versetzung.

Zweiter Unterabschnitt – Berufsbildung

§ 96 Förderung der Berufsbildung (1) Arbeitgeber und Betriebsrat haben im Rahmen der betrieblichen Personalplanung und in Zusammenarbeit mit den für die Berufsbildung und den für die Förderung der Berufsbildung zuständigen Stellen die Berufsbildung der Arbeitnehmer zu fördern. Der Arbeitgeber hat auf Verlangen des Betriebsrats mit diesem Fragen der Berufsbildung der Arbeitnehmer des Betriebs zu beraten. Hierzu kann der Betriebsrat Vorschläge machen.
(2) Arbeitgeber und Betriebsrat haben darauf zu achten, daß unter Berücksichtigung der betrieblichen Notwendigkeiten den Arbeitnehmern die Teilnahme an betrieblichen oder außerbetrieblichen Maßnahmen der Berufsbildung ermöglicht wird. Sie haben dabei auch die Belange älterer Arbeitnehmer, Teilzeitbeschäftigter und von Arbeitnehmern mit Familienpflichten zu berücksichtigen.

§ 97 Einrichtungen und Maßnahmen der Berufsbildung Der Arbeitgeber hat mit dem Betriebsrat über die Errichtung und Ausstattung betrieblicher Einrichtungen zur Berufsbildung, die Einführung betrieblicher Berufsbildungsmaßnahmen und die Teilnahme an außerbetrieblichen Berufsbildungsmaßnahmen zu beraten.

§ 98 Durchführung betrieblicher Bildungsmaßnahmen (1) Der Betriebsrat hat bei der Durchführung von Maßnahmen der betrieblichen Berufsbildung mitzubestimmen.
(2) Der Betriebsrat kann der Bestellung einer mit der Durchführung der betrieblichen Berufsbildung beauftragten Person widersprechen oder ihre Abberufung verlangen, wenn diese die persönliche oder fachliche, insbesondere die berufs- und arbeitspädagogische Eignung im Sinne des Berufsbildungsgesetzes nicht besitzt oder ihre Aufgaben vernachlässigt.
(3) Führt der Arbeitgeber betriebliche Maßnahmen der Berufsbildung durch oder stellt er für außerbetriebliche Maßnahmen der Berufsbildung Arbeitnehmer frei oder trägt er die durch die Teilnahme von Arbeitnehmern an solchen Maßnahmen entstehenden Kosten ganz oder teilweise, so kann der Betriebsrat Vorschläge für die Teilnahme von Arbeitnehmern oder Gruppen von Arbeitnehmern des Betriebs an diesen Maßnahmen der beruflichen Bildung machen.
(4) Kommt im Fall des Absatzes 1 oder über die nach Absatz 3 vom Betriebsrat vorgeschlagenen Teilnehmer eine Einigung nicht zustande, so entscheidet die Einigungsstelle. Der Spruch der Einigungsstelle ersetzt die Einigung zwischen Arbeitgeber und Betriebsrat.
(5) Kommt im Fall des Absatzes 2 eine Einigung nicht zustande, so kann der Betriebsrat beim Arbeitsgericht beantragen, dem Arbeitgeber aufzugeben, die Bestellung zu unterlassen oder die Abberufung durchzuführen. Führt der Arbeitgeber die Bestellung einer rechtskräftigen gerichtlichen Entscheidung zuwider

durch, so ist er auf Antrag des Betriebsrats vom Arbeitsgericht wegen der Bestellung nach vorheriger Androhung zu einem Ordnungsgeld zu verurteilen; das Höchstmaß des Ordnungsgeldes beträgt 20 000 Deutsche Mark. Führt der Arbeitgeber die Abberufung einer rechtskräftigen gerichtlichen Entscheidung zuwider nicht durch, so ist auf Antrag des Betriebsrats vom Arbeitsgericht zu erkennen, daß der Arbeitgeber zur Abberufung durch Zwangsgeld anzuhalten sei; das Höchstmaß des Zwangsgeldes beträgt für jeden Tag der Zuwiderhandlung 500 Deutsche Mark. Die Vorschriften des Berufsbildungsgesetzes über die Ordnung der Berufsbildung bleiben unberührt.
(6) Die Absätze 1 bis 5 gelten entsprechend, wenn der Arbeitgeber sonstige Bildungsmaßnahmen im Betrieb durchführt.

Dritter Unterabschnitt – Personelle Einzelmaßnahmen

§ 99 Mitbestimmung bei personellen Einzelmaßnahmen (1) In Betrieben mit in der Regel mehr als zwanzig wahlberechtigten Arbeitnehmern hat der Arbeitgeber den Betriebsrat vor jeder Einstellung, Eingruppierung, Umgruppierung und Versetzung zu unterrichten, ihm die erforderlichen Bewerbungsunterlagen vorzulegen und Auskunft über die Person der Beteiligten zu geben; er hat dem Betriebsrat unter Vorlage der erforderlichen Unterlagen Auskunft über die Auswirkungen der geplanten Maßnahme zu geben und die Zustimmung des Betriebsrats zu der geplanten Maßnahme einzuholen. Bei Einstellungen und Versetzungen hat der Arbeitgeber insbesondere den in Aussicht genommenen Arbeitsplatz und die vorgesehene Eingruppierung mitzuteilen. Die Mitglieder des Betriebsrats sind verpflichtet, über die ihnen im Rahmen der personellen Maßnahmen nach den Sätzen 1 und 2 bekanntgewordenen persönlichen Verhältnisse und Angelegenheiten der Arbeitnehmer, die ihrer Bedeutung oder ihrem Inhalt nach einer vertraulichen Behandlung bedürfen, Stillschweigen zu bewahren; § 79 Abs. 1 Satz 2 bis 4 gilt entsprechend.
(2) Der Betriebsrat kann die Zustimmung verweigern, wenn

1. die personelle Maßnahme gegen ein Gesetz, eine Verordnung, eine Unfallverhütungsvorschrift oder gegen eine Bestimmung in einem Tarifvertrag oder in einer Betriebsvereinbarung oder gegen eine gerichtliche Entscheidung oder eine behördliche Anordnung verstoßen würde,
2. die personelle Maßnahme gegen eine Richtlinie nach § 95 verstoßen würde,
3. die durch Tatsachen begründete Besorgnis besteht, daß infolge der personellen Maßnahme im Betrieb beschäftigte Arbeitnehmer gekündigt werden oder sonstige Nachteile erleiden, ohne daß dies aus betrieblichen oder persönlichen Gründen gerechtfertigt ist,
4. der betroffene Arbeitnehmer durch die personelle Maßnahme benachteiligt wird, ohne daß dies aus betrieblichen oder in der Person des Arbeitnehmers liegenden Gründen gerechtfertigt ist,
5. eine nach § 93 erforderliche Ausschreibung im Betrieb unterblieben ist oder
6. die durch Tatsachen begründete Besorgnis besteht, daß der für die personelle Maßnahme in Aussicht genommene Bewerber oder Arbeitnehmer den Betriebsfrieden durch gesetzwidriges Verhalten oder durch grobe Verletzung der in § 75 Abs. 1 enthaltenen Grundsätze stören werde.

(3) Verweigert der Betriebsrat seine Zustimmung, so hat er dies unter Angabe von Gründen innerhalb einer Woche nach Unterrichtung durch den Arbeitgeber diesem schriftlich mitzuteilen. Teilt der Betriebsrat dem Arbeitgeber die Verweigerung seiner Zustimmung nicht innerhalb der Frist schriftlich mit, so gilt die Zustimmung als erteilt.
(4) Verweigert der Betriebsrat seine Zustimmung, so kann der Arbeitgeber beim Arbeitsgericht beantragen, die Zustimmung zu ersetzen.

§ 100 Vorläufige personelle Maßnahmen (1) Der Arbeitgeber kann, wenn dies aus sachlichen Gründen dringend erforderlich ist, die personelle Maßnahme im Sinne des § 99 Abs. 1 Satz 1 vorläufig durchführen, bevor der Betriebsrat sich geäußert oder wenn er die Zustimmung verweigert hat. Der Arbeitgeber hat den Arbeitnehmer über die Sach- und Rechtslage aufzuklären.
(2) Der Arbeitgeber hat den Betriebsrat unverzüglich von der vorläufigen personellen Maßnahme zu unterrichten. Bestreitet der Betriebsrat, daß die Maßnahme aus sachlichen Gründen dringend erforderlich ist, so hat er dies dem Arbeitgeber unverzüglich mitzuteilen. In diesem Fall darf der Arbeitgeber die vorläufige personelle Maßnahme nur aufrechterhalten, wenn er innerhalb von drei Tagen beim Arbeitsgericht die Ersetzung der Zustimmung des Betriebsrats und die Feststellung beantragt, daß die Maßnahme aus sachlichen Gründen dringend erforderlich war.
(3) Lehnt das Gericht durch rechtskräftige Entscheidung die Ersetzung der Zustimmung des Betriebsrats ab oder stellt es rechtskräftig fest, daß offensichtlich die Maßnahme aus sachlichen Gründen nicht dringend erforderlich war, so endet die vorläufige personelle Maßnahme mit Ablauf von zwei Wochen nach Rechtskraft der Entscheidung. Von diesem Zeitpunkt an darf die personelle Maßnahme nicht aufrechterhalten werden.

§ 101 Zwangsgeld Führt der Arbeitgeber eine personelle Maßnahme im Sinne des § 99 Abs. 1 Satz 1 ohne Zustimmung des Betriebsrats durch oder hält er eine vorläufige personelle Maßnahme entgegen § 100 Abs. 2 Satz 3 oder Abs. 3 aufrecht, so kann der Betriebsrat beim Arbeitsgericht beantragen, dem Arbeitgeber aufzugeben, die personelle Maßnahme aufzuheben. Hebt der Arbeitgeber entgegen einer rechtskräftigen gerichtlichen Entscheidung die personelle Maßnahme nicht auf, so ist auf Antrag des Betriebsrats vom Arbeitsgericht zu erkennen, daß der Arbeitgeber zur Aufhebung der Maßnahme durch Zwangsgeld anzuhalten sei. Das Höchstmaß des Zwangsgeldes beträgt für jeden Tag der Zuwiderhandlung 500 Deutsche Mark.

§ 102 Mitbestimmung bei Kündigungen (1) Der Betriebsrat ist vor jeder Kündigung zu hören. Der Arbeitgeber hat ihm die Gründe für die Kündigung mitzuteilen. Eine ohne Anhörung des Betriebsrats ausgesprochene Kündigung ist unwirksam.
(2) Hat der Betriebsrat gegen eine ordentliche Kündigung Bedenken, so hat er diese unter Angabe der Gründe dem Arbeitgeber spätestens innerhalb einer Woche schriftlich mitzuteilen. Äußert er sich innerhalb dieser Frist nicht, gilt seine Zu-

stimmung zur Kündigung als erteilt. Hat der Betriebsrat gegen eine außerordentliche Kündigung Bedenken, so hat er diese unter Angabe der Gründe dem Arbeitgeber unverzüglich, spätestens jedoch innerhalb von drei Tagen, schriftlich mitzuteilen. Der Betriebsrat soll, soweit dies erforderlich erscheint, vor seiner Stellungnahme den betroffenen Arbeitnehmer hören. § 99 Abs. 1 Satz 3 gilt entsprechend.

(3) Der Betriebsrat kann innerhalb der Frist des Absatzes 2 Satz 1 der ordentlichen Kündigung widersprechen, wenn

1. der Arbeitgeber bei der Auswahl des zu kündigenden Arbeitnehmers soziale Gesichtspunkte nicht oder nicht ausreichend berücksichtigt hat,
2. die Kündigung gegen eine Richtlinie nach § 95 verstößt,
3. der zu kündigende Arbeitnehmer an einem anderen Arbeitsplatz im selben Betrieb oder in einem anderen Betrieb des Unternehmens weiterbeschäftigt werden kann,
4. die Weiterbeschäftigung des Arbeitnehmers nach zumutbaren Umschulungs- oder Fortbildungsmaßnahmen möglich ist oder
5. eine Weiterbeschäftigung des Arbeitnehmers unter geänderten Vertragsbedingungen möglich ist und der Arbeitnehmer sein Einverständnis hiermit erklärt hat.

(4) Kündigt der Arbeitgeber, obwohl der Betriebsrat nach Absatz 3 der Kündigung widersprochen hat, so hat er dem Arbeitnehmer mit der Kündigung eine Abschrift der Stellungnahme des Betriebsrats zuzuleiten.

(5) Hat der Betriebsrat einer ordentlichen Kündigung frist- und ordnungsgemäß widersprochen und hat der Arbeitnehmer nach dem Kündigungsschutzgesetz Klage auf Feststellung erhoben, daß das Arbeitsverhältnis durch die Kündigung nicht aufgelöst ist, so muß der Arbeitgeber auf Verlangen des Arbeitnehmers diesen nach Ablauf der Kündigungsfrist bis zum rechtskräftigen Abschluß des Rechtsstreits bei unveränderten Arbeitsbedingungen weiterbeschäftigen. Auf Antrag des Arbeitgebers kann das Gericht ihn durch einstweilige Verfügung von der Verpflichtung zur Weiterbeschäftigung nach Satz 1 entbinden, wenn

1. die Klage des Arbeitnehmers keine hinreichende Aussicht auf Erfolg bietet oder mutwillig erscheint oder
2. die Weiterbeschäftigung des Arbeitnehmers zu einer unzumutbaren wirtschaftlichen Belastung des Arbeitgebers führen würde oder
3. der Widerspruch des Betriebsrats offensichtlich unbegründet war.

(6) Arbeitgeber und Betriebsrat können vereinbaren, daß Kündigungen der Zustimmung des Betriebsrats bedürfen und daß bei Meinungsverschiedenheiten über die Berechtigung der Nichterteilung der Zustimmung die Einigungsstelle entscheidet.

(7) Die Vorschriften über die Beteiligung des Betriebsrats nach dem Kündigungsschutzgesetz bleiben unberührt.

§ 103 Außerordentliche Kündigung in besonderen Fällen (1) Die außerordentliche Kündigung von Mitgliedern des Betriebsrats, der Jugend- und Auszubildendenvertretung, der Bordvertretung und des Seebetriebsrats, des Wahlvorstands sowie von Wahlbewerbern bedarf der Zustimmung des Betriebsrats.

(2) Verweigert der Betriebsrat seine Zustimmung, so kann das Arbeitsgericht sie auf Antrag des Arbeitgebers ersetzen, wenn die außerordentliche Kündigung unter Berücksichtigung aller Umstände gerechtfertigt ist. In dem Verfahren vor dem Arbeitsgericht ist der betroffene Arbeitnehmer Beteiligter.

§ 104 Entfernung betriebsstörender Arbeitnehmer Hat ein Arbeitnehmer durch gesetzwidriges Verhalten oder durch grobe Verletzung der in § 75 Abs. 1 enthaltenen Grundsätze den Betriebsfrieden wiederholt ernstlich gestört, so kann der Betriebsrat vom Arbeitgeber die Entlassung oder Versetzung verlangen. Gibt das Arbeitsgericht einem Antrag des Betriebsrats statt, dem Arbeitgeber aufzugeben, die Entlassung oder Versetzung durchzuführen, und führt der Arbeitgeber die Entlassung oder Versetzung einer rechtskräftigen gerichtlichen Entscheidung zuwider nicht durch, so ist auf Antrag des Betriebsrats vom Arbeitsgericht zu erkennen, daß er zur Vornahme der Entlassung oder Versetzung durch Zwangsgeld anzuhalten sei. Das Höchstmaß des Zwangsgeldes beträgt für jeden Tag der Zuwiderhandlung 500 Deutsche Mark.

§ 105 Leitende Angestellte Eine beabsichtigte Einstellung oder personelle Veränderung eines in § 5 Abs. 3 genannten leitenden Angestellten ist dem Betriebsrat rechtzeitig mitzuteilen.

Sechster Abschnitt – Wirtschaftliche Angelegenheiten

Erster Unterabschnitt – Unterrichtung in wirtschaftlichen Angelegenheiten

§ 106 Wirtschaftsausschuß (1) In allen Unternehmen mit in der Regel mehr als einhundert ständig beschäftigten Arbeitnehmern ist ein Wirtschaftsausschuß zu bilden. Der Wirtschaftsausschuß hat die Aufgabe, wirtschaftliche Angelegenheiten mit dem Unternehmer zu beraten und den Betriebsrat zu unterrichten.
(2) Der Unternehmer hat den Wirtschaftsausschuß rechtzeitig und umfassend über die wirtschaftlichen Angelegenheiten des Unternehmens unter Vorlage der erforderlichen Unterlagen zu unterrichten, soweit dadurch nicht die Betriebs- und Geschäftsgeheimnisse des Unternehmens gefährdet werden, sowie die sich daraus ergebenden Auswirkungen auf die Personalplanung darzustellen.
(3) Zu den wirtschaftlichen Angelegenheiten im Sinne dieser Vorschrift gehören insbesondere
1. die wirtschaftliche und finanzielle Lage des Unternehmens;
2. die Produktions- und Absatzlage;
3. das Produktions- und Investitionsprogramm;
4. Rationalisierungsvorhaben;
5. Fabrikations- und Arbeitsmethoden, insbesondere die Einführung neuer Arbeitsmethoden;
6. die Einschränkung oder Stillegung von Betrieben oder von Betriebsteilen;
7. die Verlegung von Betrieben oder Betriebsteilen;
8. der Zusammenschluß oder die Spaltung von Unternehmen oder Betrieben;
9. die Änderung der Betriebsorganisation oder des Betriebszwecks sowie

10. sonstige Vorgänge und Vorhaben, welche die Interessen der Arbeitnehmer des Unternehmens wesentlich berühren können.

§ 107 Bestellung und Zusammensetzung des Wirtschaftsausschusses (1) Der Wirtschaftsausschuß besteht aus mindestens drei und höchstens sieben Mitgliedern, die dem Unternehmen angehören müssen, darunter mindestens einem Betriebsratsmitglied. Zu Mitgliedern des Wirtschaftsausschusses können auch die in § 5 Abs. 3 genannten Angestellten bestimmt werden. Die Mitglieder sollen die zur Erfüllung ihrer Aufgaben erforderliche fachliche und persönliche Eignung besitzen.
(2) Die Mitglieder des Wirtschaftsausschusses werden vom Betriebsrat für die Dauer seiner Amtszeit bestimmt. Besteht ein Gesamtbetriebsrat, so bestimmt dieser die Mitglieder des Wirtschaftsausschusses; die Amtszeit der Mitglieder endet in diesem Fall in dem Zeitpunkt, in dem die Amtszeit der Mehrheit der Mitglieder des Gesamtbetriebsrats, die an der Bestimmung mitzuwirken berechtigt waren, abgelaufen ist. Die Mitglieder des Wirtschaftsausschusses können jederzeit abberufen werden; auf die Abberufung sind die Sätze 1 und 2 entsprechend anzuwenden.
(3) Der Betriebsrat kann mit der Mehrheit der Stimmen seiner Mitglieder beschließen, die Aufgaben des Wirtschaftsausschusses einem Ausschuß des Betriebsrats zu übertragen. Die Zahl der Mitglieder des Ausschusses darf die Zahl der Mitglieder des Betriebsausschusses nicht überschreiten. Der Betriebsrat kann jedoch weitere Arbeitnehmer einschließlich der in § 5 Abs. 3 genannten leitenden Angestellten bis zur selben Zahl, wie der Ausschuß Mitglieder hat, in den Ausschuß berufen; für die Beschlußfassung gilt Satz 1. Für die Verschwiegenheitspflicht der in Satz 3 bezeichneten weiteren Arbeitnehmer gilt § 79 entsprechend. Für die Abänderung und den Widerruf der Beschlüsse nach den Sätzen 1 bis 3 sind die gleichen Stimmenmehrheiten erforderlich wie für die Beschlüsse nach den Sätzen 1 bis 3. Ist in einem Unternehmen ein Gesamtbetriebsrat errichtet, so beschließt dieser über die anderweitige Wahrnehmung der Aufgaben des Wirtschaftsausschusses; die Sätze 1 bis 5 gelten entsprechend.

§ 108 Sitzungen (1) Der Wirtschaftsausschuß soll monatlich einmal zusammentreten.
(2) An den Sitzungen des Wirtschaftsausschusses hat der Unternehmer oder sein Vertreter teilzunehmen. Er kann sachkundige Arbeitnehmer des Unternehmens einschließlich der in § 5 Abs. 3 genannten Angestellten hinzuziehen. Für die Hinzuziehung und die Verschwiegenheitspflicht von Sachverständigen gilt § 80 Abs. 3 entsprechend.
(3) Die Mitglieder des Wirtschaftsausschusses sind berechtigt, in die nach § 106 Abs. 2 vorzulegenden Unterlagen Einsicht zu nehmen.
(4) Der Wirtschaftsausschuß hat über jede Sitzung dem Betriebsrat unverzüglich und vollständig zu berichten.
(5) Der Jahresabschluß ist dem Wirtschaftsausschuß unter Beteiligung des Betriebsrats zu erläutern.

(6) Hat der Betriebsrat oder der Gesamtbetriebsrat eine anderweitige Wahrnehmung der Aufgaben des Wirtschaftsausschusses beschlossen, so gelten die Absätze 1 bis 5 entsprechend.

§ 109 Beilegung von Meinungsverschiedenheiten Wird eine Auskunft über wirtschaftliche Angelegenheiten des Unternehmens im Sinne des § 106 entgegen dem Verlangen des Wirtschaftsausschusses nicht, nicht rechtzeitig oder nur ungenügend erteilt und kommt hierüber zwischen Unternehmer und Betriebsrat eine Einigung nicht zustande, so entscheidet die Einigungsstelle. Der Spruch der Einigungsstelle ersetzt die Einigung zwischen Arbeitgeber und Betriebsrat. Die Einigungsstelle kann, wenn dies für ihre Entscheidung erforderlich ist, Sachverständige anhören; § 80 Abs. 3 Satz 2 gilt entsprechend. Hat der Betriebsrat oder der Gesamtbetriebsrat eine anderweitige Wahrnehmung der Aufgaben des Wirtschaftsausschusses beschlossen, so gilt Satz 1 entsprechend.

§ 110 Unterrichtung der Arbeitnehmer (1) In Unternehmen mit in der Regel mehr als 1000 ständig beschäftigten Arbeitnehmern hat der Unternehmer mindestens einmal in jedem Kalendervierteljahr nach vorheriger Abstimmung mit dem Wirtschaftsausschuß oder den in § 107 Abs. 3 genannten Stellen und dem Betriebsrat die Arbeitnehmer schriftlich über die wirtschaftliche Lage und Entwicklung des Unternehmens zu unterrichten.
(2) In Unternehmen, die die Voraussetzungen des Absatzes 1 nicht erfüllen, aber in der Regel mehr als zwanzig wahlberechtigte ständige Arbeitnehmer beschäftigen, gilt Absatz 1 mit der Maßgabe, daß die Unterrichtung der Arbeitnehmer mündlich erfolgen kann. Ist in diesen Unternehmen ein Wirtschaftsausschuß nicht zu errichten, so erfolgt die Unterrichtung nach vorheriger Abstimmung mit dem Betriebsrat.

Zweiter Unterabschnitt – Betriebsänderungen

§ 111 Betriebsänderungen Der Unternehmer hat in Betrieben mit in der Regel mehr als zwanzig wahlberechtigten Arbeitnehmern den Betriebsrat über geplante Betriebsänderungen, die wesentliche Nachteile für die Belegschaft oder erhebliche Teile der Belegschaft zur Folge haben können, rechtzeitig und umfassend zu unterrichten und die geplanten Betriebsänderungen mit dem Betriebsrat zu beraten. Als Betriebsänderungen im Sinne des Satzes 1 gelten

1. Einschränkung und Stillegung des ganzen Betriebs oder von wesentlichen Betriebsteilen,
2. Verlegung des ganzen Betriebs oder von wesentlichen Betriebsteilen,
3. Zusammenschluß mit anderen Betrieben oder die Spaltung von Betrieben,
4. grundlegende Änderungen der Betriebsorganisation, des Betriebszwecks oder der Betriebsanlagen,
5. Einführung grundlegend neuer Arbeitsmethoden und Fertigungsverfahren.

§ 112 Interessenausgleich über die Betriebsänderung, Sozialplan (1) Kommt zwischen Unternehmer und Betriebsrat ein Interessenausgleich über die geplante Betriebsänderung zustande, so ist dieser schriftlich niederzulegen und vom Un-

ternehmer und Betriebsrat zu unterschreiben. Das gleiche gilt für eine Einigung über den Ausgleich oder die Milderung der wirtschaftlichen Nachteile, die den Arbeitnehmern infolge der geplanten Betriebsänderung entstehen (Sozialplan). Der Sozialplan hat die Wirkung einer Betriebsvereinbarung. § 77 Abs. 3 ist auf den Sozialplan nicht anzuwenden.
(2) Kommt ein Interessenausgleich über die geplante Betriebsänderung oder eine Einigung über den Sozialplan nicht zustande, so können der Unternehmer oder der Betriebsrat den Präsidenten des Landesarbeitsamtes um Vermittlung ersuchen. Geschieht dies nicht oder bleibt der Vermittlungsversuch ergebnislos, so können der Unternehmer oder der Betriebsrat die Einigungsstelle anrufen. Auf Ersuchen des Vorsitzenden der Einigungsstelle nimmt der Präsident des Landesarbeitsamtes an der Verhandlung teil.
(3) Unternehmer und Betriebsrat sollen der Einigungsstelle Vorschläge zur Beilegung der Meinungsverschiedenheiten über den Interessenausgleich und den Sozialplan machen. Die Einigungsstelle hat eine Einigung der Parteien zu versuchen. Kommt eine Einigung zustande, so ist sie schriftlich niederzulegen und von den Parteien und vom Vorsitzenden zu unterschreiben.
(4) Kommt eine Einigung über den Sozialplan nicht zustande, so entscheidet die Einigungsstelle über die Aufstellung eines Sozialplans. Der Spruch der Einigungsstelle ersetzt die Einigung zwischen Arbeitgeber und Betriebsrat.
(5) Die Einigungsstelle hat bei ihrer Entscheidung nach Absatz 4 sowohl die sozialen Belange der betroffenen Arbeitnehmer zu berücksichtigen als auch auf die wirtschaftliche Vertretbarkeit ihrer Entscheidung für das Unternehmen zu achten. Dabei hat die Einigungsstelle sich im Rahmen billigen Ermessens insbesondere von folgenden Grundsätzen leiten zu lassen:

1. Sie soll beim Ausgleich oder bei der Milderung wirtschaftlicher Nachteile, insbesondere durch Einkommensminderung, Wegfall von Sonderleistungen oder Verlust von Anwartschaften auf betriebliche Altersversorgung, Umzugskosten oder erhöhte Fahrtkosten, Leistungen vorsehen, die in der Regel den Gegebenheiten des Einzelfalles Rechnung tragen.
2. Sie hat die Aussichten der betroffenen Arbeitnehmer auf dem Arbeitsmarkt zu berücksichtigen. Sie soll Arbeitnehmer von Leistungen ausschließen, die in einem zumutbaren Arbeitsverhältnis im selben Betrieb oder in einem anderen Betrieb des Unternehmens oder eines zum Konzern gehörenden Unternehmens weiterbeschäftigt werden können und die Weiterbeschäftigung ablehnen; die mögliche Weiterbeschäftigung an einem anderen Ort begründet für sich allein nicht die Unzumutbarkeit.
3. Sie hat bei der Bemessung des Gesamtbetrages der Sozialplanleistungen darauf zu achten, daß der Fortbestand des Unternehmens oder die nach Durchführung der Betriebsänderung verbleibenden Arbeitsplätze nicht gefährdet werden.

§ 112a Erzwingbarer Sozialplan bei Personalabbau, Neugründungen (1) Besteht eine geplante Betriebsänderung im Sinne von § 111 Satz 2 Nr. 1 allein in der Entlassung von Arbeitnehmern, so findet § 112 Abs. 4 und 5 nur Anwendung, wenn

1. in Betrieben mit in der Regel mehr als 20 und weniger als 60 Arbeitnehmern 20 vom Hundert der regelmäßig beschäftigten Arbeitnehmer, aber mindestens 6 Arbeitnehmer,
2. in Betrieben mit in der Regel mindestens 60 und weniger als 250 Arbeitnehmern 20 vom Hundert der regelmäßig beschäftigten Arbeitnehmer oder mindestens 37 Arbeitnehmer,
3. in Betrieben mit in der Regel mindestens 250 und weniger als 500 Arbeitnehmern 15 vom Hundert der regelmäßig beschäftigten Arbeitnehmer oder mindestens 60 Arbeitnehmer,
4. in Betrieben mit in der Regel mindestens 500 Arbeitnehmern 10 vom Hundert der regelmäßig beschäftigten Arbeitnehmer, aber mindestens 60 Arbeitnehmer

aus betriebsbedingten Gründen entlassen werden sollen. Als Entlassung gilt auch das vom Arbeitgeber aus Gründen der Betriebsänderung veranlaßte Ausscheiden von Arbeitnehmern auf Grund von Aufhebungsverträgen.

(2) § 112 Abs. 4 und 5 findet keine Anwendung auf Betriebe eines Unternehmens in den ersten vier Jahren nach seiner Gründung. Dies gilt nicht für Neugründungen im Zusammenhang mit der rechtlichen Umstrukturierung von Unternehmen und Konzernen. Maßgebend für den Zeitpunkt der Gründung ist die Aufnahme einer Erwerbstätigkeit, die nach § 138 der Abgabenordnung dem Finanzamt mitzuteilen ist.

§ 113 Nachteilsausgleich (1) Weicht der Unternehmer von einem Interessenausgleich über die geplante Betriebsänderung ohne zwingenden Grund ab, so können Arbeitnehmer, die infolge dieser Abweichung entlassen werden, beim Arbeitsgericht Klage erheben mit dem Antrag, den Arbeitgeber zur Zahlung von Abfindungen zu verurteilen; § 10 des Kündigungsschutzgesetzes gilt entsprechend.

(2) Erleiden Arbeitnehmer infolge einer Abweichung nach Absatz 1 andere wirtschaftliche Nachteile, so hat der Unternehmer diese Nachteile bis zu einem Zeitraum von zwölf Monaten auszugleichen.

(3) Die Absätze 1 und 2 gelten entsprechend, wenn der Unternehmer eine geplante Betriebsänderung nach § 111 durchführt, ohne über sie einen Interessenausgleich mit dem Betriebsrat versucht zu haben, und infolge der Maßnahme Arbeitnehmer entlassen werden oder andere wirtschaftliche Nachteile erleiden. Der Unternehmer hat den Interessenausgleich versucht, wenn er den Betriebsrat gemäß § 111 Satz 1 beteiligt hat und nicht innerhalb von zwei Monaten nach Beginn der Beratungen oder schriftlicher Aufforderung zur Aufnahme der Beratungen ein Interessenausgleich nach § 112 Abs. 2 und 3 zustande gekommen ist. Wird innerhalb der Frist nach Satz 2 die Einigungsstelle angerufen, endet die Frist einen Monat nach Anrufung der Einigungsstelle, wenn dadurch die Frist nach Satz 2 überschritten wird.

Fünfter Teil – Besondere Vorschriften für einzelne Betriebsarten

Erster Abschnitt – Seeschiffahrt

§ 114 Grundsätze (1) Auf Seeschiffahrtsunternehmen und ihre Betriebe ist dieses Gesetz anzuwenden, soweit sich aus den Vorschriften dieses Abschnitts nichts anderes ergibt.
(2) Seeschiffahrtsunternehmen im Sinne dieses Gesetzes ist ein Unternehmen, das Handelsschiffahrt betreibt und seinen Sitz im Geltungsbereich dieses Gesetzes hat. Ein Seeschiffahrtsunternehmen im Sinne dieses Abschnitts betreibt auch, wer als Korrespondentreeder, Vertragsreeder, Ausrüster oder auf Grund eines ähnlichen Rechtsverhältnisses Schiffe zum Erwerb durch die Seeschiffahrt verwendet, wenn er Arbeitgeber des Kapitäns und der Besatzungsmitglieder ist oder überwiegend die Befugnisse des Arbeitgebers ausübt.
(3) Als Seebetrieb im Sinne dieses Gesetzes gilt die Gesamtheit der Schiffe eines Seeschiffahrtsunternehmens einschließlich der in Absatz 2 Satz 2 genannten Schiffe.
(4) Schiffe im Sinne dieses Gesetzes sind Kauffahrteischiffe, die nach dem Flaggenrechtsgesetz die Bundesflagge führen. Schiffe, die in der Regel binnen 24 Stunden nach dem Auslaufen an den Sitz eines Landbetriebs zurückkehren, gelten als Teil dieses Landbetriebs des Seeschiffahrtsunternehmens.
(5) Jugend- und Auszubildendenvertretungen werden nur für die Landbetriebe von Seeschiffahrtsunternehmen gebildet.
(6) Besatzungsmitglieder sind die in § 3 des Seemannsgesetzes genannten Personen. Leitende Angestellte im Sinne des § 5 Abs. 3 dieses Gesetzes sind nur die Kapitäne. Die Zuordnung der Besatzungsmitglieder zu den Gruppen der Arbeiter und Angestellten bestimmt sich, abweichend von den §§ 4 bis 6 des Seemannsgesetzes, nach § 6 dieses Gesetzes.

§ 115 Bordvertretung (1) Auf Schiffen, die mit in der Regel mindestens fünf wahlberechtigten Besatzungsmitgliedern besetzt sind, von denen drei wählbar sind, wird eine Bordvertretung gewählt. Auf die Bordvertretung finden, soweit sich aus diesem Gesetz oder aus anderen gesetzlichen Vorschriften nicht etwas anderes ergibt, die Vorschriften über die Rechte und Pflichten des Betriebsrats und die Rechtsstellung seiner Mitglieder Anwendung.
(2) Die Vorschriften über die Wahl und Zusammensetzung des Betriebsrats finden mit folgender Maßgabe Anwendung:
1. Wahlberechtigt sind alle Besatzungsmitglieder des Schiffes.
2. Wählbar sind die Besatzungsmitglieder des Schiffes, die am Wahltag das 18. Lebensjahr vollendet haben und ein Jahr Besatzungsmitglied eines Schiffes waren, das nach dem Flaggenrechtsgesetz die Bundesflagge führt. § 8 Abs. 1 Satz 3 bleibt unberührt.
3. Die Bordvertretung besteht auf Schiffen mit in der Regel
   5 bis 20 wahlberechtigten Besatzungsmitgliedern aus 1 Person,

21 bis 75 wahlberechtigten Besatzungsmitgliedern aus 3 Mitgliedern,
über 75 wahlberechtigten Besatzungsmitgliedern aus 5 Mitgliedern.

4. Die Minderheitsgruppe erhält, abweichend von § 10 Abs. 2, in einer Bordvertretung, die aus mehr als einer Person besteht, bei bis zu 75 Gruppenangehörigen mindestens einen Vertreter, bei mehr als 75 Gruppenangehörigen mindestens zwei Vertreter.
5. § 13 Abs. 1 und 3 findet keine Anwendung. Die Bordvertretung ist vor Ablauf ihrer Amtszeit unter den in § 13 Abs. 2 Nr. 2 bis 5 genannten Voraussetzungen neu zu wählen.
6. Die wahlberechtigten Besatzungsmitglieder können mit der Mehrheit aller Stimmen beschließen, die Wahl der Bordvertretung binnen 24 Stunden durchzuführen.
7. Die in § 16 Abs. 1 Satz 1 genannte Frist wird auf zwei Wochen, die in § 16 Abs. 2 Satz 1 genannte Frist wird auf eine Woche verkürzt.
8. Bestellt die im Amt befindliche Bordvertretung nicht rechtzeitig einen Wahlvorstand oder besteht keine Bordvertretung, findet § 17 Abs. 1 und 2 entsprechende Anwendung. Kann aus Gründen der Aufrechterhaltung des ordnungsgemäßen Schiffsbetriebs eine Bordversammlung nicht stattfinden, so kann der Kapitän auf Antrag von drei Wahlberechtigten den Wahlvorstand bestellen. Bestellt der Kapitän den Wahlvorstand nicht, so ist der Seebetriebsrat berechtigt, den Wahlvorstand zu bestellen. Die Vorschriften über die Bestellung des Wahlvorstands durch das Arbeitsgericht bleiben unberührt.
9. Die Frist für die Wahlanfechtung beginnt für Besatzungsmitglieder an Bord, wenn das Schiff nach Bekanntgabe des Wahlergebnisses erstmalig einen Hafen im Geltungsbereich dieses Gesetzes oder einen Hafen, in dem ein Seemannsamt seinen Sitz hat, anläuft. Die Wahlanfechtung kann auch zu Protokoll des Seemannsamtes erklärt werden. Wird die Wahl zur Bordvertretung angefochten, zieht das Seemannsamt die an Bord befindlichen Wahlunterlagen ein. Die Anfechtungserklärung und die eingezogenen Wahlunterlagen sind vom Seemannsamt unverzüglich an das für die Anfechtung zuständige Arbeitsgericht weiterzuleiten.

(3) Auf die Amtszeit der Bordvertretung finden die §§ 21 bis 25 mit der Maßgabe Anwendung, daß

1. die Amtszeit ein Jahr beträgt,
2. die Mitgliedschaft in der Bordvertretung auch endet, wenn das Besatzungsmitglied den Dienst an Bord beendet, es sei denn, daß es den Dienst an Bord vor Ablauf der Amtszeit nach Nummer 1 wieder antritt.

(4) Für die Geschäftsführung der Bordvertretung gelten die §§ 26 bis 36, § 37 Abs. 1 bis 3, §§ 39 bis 41 entsprechend. § 40 Abs. 2 ist mit der Maßgabe anzuwenden, daß die Bordvertretung in dem für ihre Tätigkeit erforderlichen Umfang auch die für die Verbindung des Schiffes zur Reederei eingerichteten Mittel zur beschleunigten Übermittlung von Nachrichten in Anspruch nehmen kann.

(5) Die §§ 42 bis 46 über die Betriebsversammlung finden für die Versammlung der Besatzungsmitglieder eines Schiffes (Bordversammlung) entsprechende Anwendung. Auf Verlangen der Bordvertretung hat der Kapitän der Bordversamm-

lung einen Bericht über die Schiffsreise und die damit zusammenhängenden Angelegenheiten zu erstatten. Er hat Fragen, die den Schiffsbetrieb, die Schiffsreise und die Schiffssicherheit betreffen, zu beantworten.

(6) Die §§ 47 bis 59 über den Gesamtbetriebsrat und den Konzernbetriebsrat finden für die Bordvertretung keine Anwendung.

(7) Die §§ 74 bis 105 über die Mitwirkung und Mitbestimmung der Arbeitnehmer finden auf die Bordvertretung mit folgender Maßgabe Anwendung:

1. Die Bordvertretung ist zuständig für die Behandlung derjenigen nach diesem Gesetz der Mitwirkung und Mitbestimmung des Betriebsrats unterliegenden Angelegenheiten, die den Bordbetrieb oder die Besatzungsmitglieder des Schiffes betreffen und deren Regelung dem Kapitän auf Grund gesetzlicher Vorschriften oder der ihm von der Reederei übertragenen Befugnisse obliegt.
2. Kommt es zwischen Kapitän und Bordvertretung in einer der Mitwirkung oder Mitbestimmung der Bordvertretung unterliegenden Angelegenheit nicht zu einer Einigung, so kann die Angelegenheit von der Bordvertretung an den Seebetriebsrat abgegeben werden. Der Seebetriebsrat hat die Bordvertretung über die weitere Behandlung der Angelegenheit zu unterrichten. Bordvertretung und Kapitän dürfen die Einigungsstelle oder das Arbeitsgericht nur anrufen, wenn ein Seebetriebsrat nicht gewählt ist.
3. Bordvertretung und Kapitän können im Rahmen ihrer Zuständigkeiten Bordvereinbarungen abschließen. Die Vorschriften über Betriebsvereinbarungen gelten für Bordvereinbarungen entsprechend. Bordvereinbarungen sind unzulässig, soweit eine Angelegenheit durch eine Betriebsvereinbarung zwischen Seebetriebsrat und Arbeitgeber geregelt ist.
4. In Angelegenheiten, die der Mitbestimmung der Bordvertretung unterliegen, kann der Kapitän, auch wenn eine Einigung mit der Bordvertretung noch nicht erzielt ist, vorläufige Regelungen treffen, wenn dies zur Aufrechterhaltung des ordnungsgemäßen Schiffsbetriebs dringend erforderlich ist. Den von der Anordnung betroffenen Besatzungsmitgliedern ist die Vorläufigkeit der Regelung bekanntzugeben. Soweit die vorläufige Regelung der endgültigen Regelung nicht entspricht, hat das Schiffahrtsunternehmen Nachteile auszugleichen, die den Besatzungsmitgliedern durch die vorläufige Regelung entstanden sind.
5. Die Bordvertretung hat das Recht auf regelmäßige und umfassende Unterrichtung über den Schiffsbetrieb. Die erforderlichen Unterlagen sind der Bordvertretung vorzulegen. Zum Schiffsbetrieb gehören insbesondere die Schiffssicherheit, die Reiserouten, die voraussichtlichen Ankunfts- und Abfahrtszeiten sowie die zu befördernde Ladung.
6. Auf Verlangen der Bordvertretung hat der Kapitän ihr Einsicht in die an Bord befindlichen Schiffstagebücher zu gewähren. In den Fällen, in denen der Kapitän eine Eintragung über Angelegenheiten macht, die der Mitwirkung oder Mitbestimmung der Bordvertretung unterliegen, kann diese eine Abschrift der Eintragung verlangen und Erklärungen zum Schiffstagebuch abgeben. In den Fällen, in denen über eine der Mitwirkung oder Mitbestimmung der Bordvertretung unterliegenden Angelegenheit eine Einigung zwischen Kapitän und

Bordvertretung nicht erzielt wird, kann die Bordvertretung dies zum Schiffstagebuch erklären und eine Abschrift dieser Eintragung verlangen.
7. Die Zuständigkeit der Bordvertretung im Rahmen des Arbeitsschutzes bezieht sich auch auf die Schiffssicherheit und die Zusammenarbeit mit den insoweit zuständigen Behörden und sonstigen in Betracht kommenden Stellen.

§ 116 Seebetriebsrat (1) In Seebetrieben werden Seebetriebsräte gewählt. Auf die Seebetriebsräte finden, soweit sich aus diesem Gesetz oder aus anderen gesetzlichen Vorschriften nicht etwas anderes ergibt, die Vorschriften über die Rechte und Pflichten des Betriebsrats und die Rechtsstellung seiner Mitglieder Anwendung.
(2) Die Vorschriften über die Wahl, Zusammensetzung und Amtszeit des Betriebsrats finden mit folgender Maßgabe Anwendung:
1. Wahlberechtigt zum Seebetriebsrat sind alle zum Seeschiffahrtsunternehmen gehörenden Besatzungsmitglieder.
2. Für die Wählbarkeit zum Seebetriebsrat gilt § 8 mit der Maßgabe, daß
   a) in Seeschiffahrtsunternehmen, zu denen mehr als acht Schiffe gehören oder in denen in der Regel mehr als 250 Besatzungsmitglieder beschäftigt sind, nur nach § 115 Abs. 2 Nr. 2 wählbare Besatzungsmitglieder wählbar sind;
   b) in den Fällen, in denen die Voraussetzungen des Buchstabens a nicht vorliegen, nur Arbeitnehmer wählbar sind, die nach § 8 die Wählbarkeit im Landbetrieb des Seeschiffahrtsunternehmens besitzen, es sei denn, daß der Arbeitgeber mit der Wahl von Besatzungsmitgliedern einverstanden ist.
3. Der Betriebsrat besteht in Seebetrieben mit in der Regel
   5 bis 500 wahlberechtigten Besatzungsmitgliedern aus einer Person,
   501 bis 1000 wahlberechtigten Besatzungsmitgliedern aus drei Mitgliedern,
   über 1000 wahlberechtigten Besatzungsmitgliedern aus fünf Mitgliedern.
4. Die Minderheitsgruppe erhält, abweichend von § 10 Abs. 2, in einem Seebetriebsrat, der aus mehr als einer Person besteht, bei bis zu 500 Gruppenangehörigen mindestens einen Vertreter, bei mehr als 500 Gruppenangehörigen mindestens zwei Vertreter.
5. Ein Wahlvorschlag ist gültig, wenn er im Fall des § 14 Abs. 6 Satz 1 erster Halbsatz und Satz 2 mindestens von drei wahlberechtigten gruppenangehörigen Besatzungsmitgliedern und im Fall des § 14 Abs. 7 mindestens von drei wahlberechtigten Besatzungsmitgliedern unterschrieben ist.
6. Die in § 16 Abs. 1 Satz 1 genannte Frist wird auf drei Monate, die in § 16 Abs. 2 Satz 1 genannte Frist auf zwei Monate verlängert.
7. Zu Mitgliedern des Wahlvorstands können auch im Landbetrieb des Seeschiffahrtsunternehmens beschäftigte Arbeitnehmer bestellt werden. § 17 Abs. 1 und 2 findet keine Anwendung. Besteht in einem Seebetrieb kein Seebetriebsrat, so wird der Wahlvorstand gemeinsam vom Arbeitgeber und den im Seebetrieb vertretenen Gewerkschaften bestellt. Einigen sich Arbeitgeber und Gewerkschaften nicht, so bestellt ihn das Arbeitsgericht auf Antrag des Arbeitgebers, einer im Seebetrieb vertretenen Gewerkschaft oder von mindestens

drei wahlberechtigten Besatzungsmitgliedern. § 16 Abs. 2 Satz 2 und 3 gilt entsprechend.

8. Die Frist für die Wahlanfechtung nach § 19 Abs. 2 beginnt für Besatzungsmitglieder an Bord, wenn das Schiff nach Bekanntgabe des Wahlergebnisses erstmalig einen Hafen im Geltungsbereich dieses Gesetzes oder einen Hafen, in dem ein Seemannsamt seinen Sitz hat, anläuft. Nach Ablauf von drei Monaten seit Bekanntgabe des Wahlergebnisses ist eine Wahlanfechtung unzulässig. Die Wahlanfechtung kann auch zu Protokoll des Seemannsamtes erklärt werden. Die Anfechtungserklärung ist vom Seemannsamt unverzüglich an das für die Anfechtung zuständige Arbeitsgericht weiterzuleiten.
9. Die Mitgliedschaft im Seebetriebsrat endet, wenn der Seebetriebsrat aus Besatzungsmitgliedern besteht, auch, wenn das Mitglied des Seebetriebsrats nicht mehr Besatzungsmitglied ist. Die Eigenschaft als Besatzungsmitglied wird durch die Tätigkeit im Seebetriebsrat oder durch eine Beschäftigung gemäß Absatz 3 Nr. 2 nicht berührt.

(3) Die §§ 26 bis 41 über die Geschäftsführung des Betriebsrats finden auf den Seebetriebsrat mit folgender Maßgabe Anwendung:

1. In Angelegenheiten, in denen der Seebetriebsrat nach diesem Gesetz innerhalb einer bestimmten Frist Stellung zu nehmen hat, kann er, abweichend von § 33 Abs. 2, ohne Rücksicht auf die Zahl der zur Sitzung erschienenen Mitglieder einen Beschluß fassen, wenn die Mitglieder ordnungsgemäß geladen worden sind.
2. Soweit die Mitglieder des Seebetriebsrats nicht freizustellen sind, sind sie so zu beschäftigen, daß sie durch ihre Tätigkeit nicht gehindert sind, die Aufgaben des Seebetriebsrats wahrzunehmen. Der Arbeitsplatz soll den Fähigkeiten und Kenntnissen des Mitglieds des Seebetriebsrats und seiner bisherigen beruflichen Stellung entsprechen. Der Arbeitsplatz ist im Einvernehmen mit dem Seebetriebsrat zu bestimmen. Kommt eine Einigung über die Bestimmung des Arbeitsplatzes nicht zustande, so entscheidet die Einigungsstelle. Der Spruch der Einigungsstelle ersetzt die Einigung zwischen Arbeitgeber und Seebetriebsrat.
3. Den Mitgliedern des Seebetriebsrats, die Besatzungsmitglieder sind, ist die Heuer auch dann fortzuzahlen, wenn sie im Landbetrieb beschäftigt werden. Sachbezüge sind angemessen abzugelten. Ist der neue Arbeitsplatz höherwertig, so ist das diesem Arbeitsplatz entsprechende Arbeitsentgelt zu zahlen.
4. Unter Berücksichtigung der örtlichen Verhältnisse ist über die Unterkunft der in den Seebetriebsrat gewählten Besatzungsmitglieder eine Regelung zwischen dem Seebetriebsrat und dem Arbeitgeber zu treffen, wenn der Arbeitsplatz sich nicht am Wohnort befindet. Kommt eine Einigung nicht zustande, so entscheidet die Einigungsstelle. Der Spruch der Einigungsstelle ersetzt die Einigung zwischen Arbeitgeber und Seebetriebsrat.
5. Der Seebetriebsrat hat das Recht, jedes zum Seebetrieb gehörende Schiff zu betreten, dort im Rahmen seiner Aufgaben tätig zu werden sowie an den Sitzungen der Bordvertretung teilzunehmen. § 115 Abs. 7 Nr. 5 Satz 1 gilt entsprechend.

6. Liegt ein Schiff in einem Hafen innerhalb des Geltungsbereichs dieses Gesetzes, so kann der Seebetriebsrat nach Unterrichtung des Kapitäns Sprechstunden an Bord abhalten und Bordversammlungen der Besatzungsmitglieder durchführen.
7. Läuft ein Schiff innerhalb eines Kalenderjahres keinen Hafen im Geltungsbereich dieses Gesetzes an, so gelten die Nummern 5 und 6 für europäische Häfen. Die Schleusen des Nordostseekanals gelten nicht als Häfen.
8. Im Einvernehmen mit dem Arbeitgeber können Sprechstunden und Bordversammlungen, abweichend von den Nummern 6 und 7, auch in anderen Liegehäfen des Schiffes durchgeführt werden, wenn ein dringendes Bedürfnis hierfür besteht. Kommt eine Einigung nicht zustande, so entscheidet die Einigungsstelle. Der Spruch der Einigungsstelle ersetzt die Einigung zwischen Arbeitgeber und Seebetriebsrat.

(4) Die §§ 42 bis 46 über die Betriebsversammlung finden auf den Seebetrieb keine Anwendung.

(5) Für den Seebetrieb nimmt der Seebetriebsrat die in den §§ 47 bis 59 dem Betriebsrat übertragenen Aufgaben, Befugnisse und Pflichten wahr.

(6) Die §§ 74 bis 113 über die Mitwirkung und Mitbestimmung der Arbeitnehmer finden auf den Seebetrieben mit folgender Maßgabe Anwendung:

1. Der Seebetriebsrat ist zuständig für die Behandlung derjenigen nach diesem Gesetz der Mitwirkung oder Mitbestimmung des Betriebsrats unterliegenden Angelegenheiten,
   a) die alle oder mehrere Schiffe des Seebetriebs oder die Besatzungsmitglieder aller oder mehrerer Schiffe des Seebetriebs betreffen,
   b) die nach § 115 Abs. 7 Nr. 2 von der Bordvertretung abgegeben worden sind oder
   c) für die nicht die Zuständigkeit der Bordvertretung nach § 115 Abs. 7 Nr. 1 gegeben ist.
2. Der Seebetriebsrat ist regelmäßig und umfassend über den Schiffsbetrieb des Seeschiffahrtsunternehmens zu unterrichten. Die erforderlichen Unterlagen sind ihm vorzulegen.

Zweiter Abschnitt – Luftfahrt

§ 117 Geltung für die Luftfahrt (1) Auf Landbetriebe von Luftfahrtunternehmen ist dieses Gesetz anzuwenden.

(2) Für im Flugbetrieb beschäftigte Arbeitnehmer von Luftfahrtunternehmen kann durch Tarifvertrag eine Vertretung errichtet werden. Über die Zusammenarbeit dieser Vertretung mit den nach diesem Gesetz zu errichtenden Vertretungen der Arbeitnehmer der Landbetriebe des Luftfahrtunternehmens kann der Tarifvertrag von diesem Gesetz abweichende Regelungen vorsehen; § 3 Abs. 2 ist entsprechend anzuwenden.

Dritter Abschnitt – Tendenzbetriebe und Religionsgemeinschaften

§ 118 Geltung für Tendenzbetriebe und Religionsgemeinschaften (1) Auf Unternehmen und Betriebe, die unmittelbar und überwiegend

1. politischen, koalitionspolitischen, konfessionellen, karitativen, erzieherischen, wissenschaftlichen oder künstlerischen Bestimmungen oder
2. Zwecken der Berichterstattung oder Meinungsäußerung, auf die Artikel 5 Abs. 1 Satz 2 des Grundgesetzes Anwendung findet,

dienen, finden die Vorschriften dieses Gesetzes keine Anwendung, soweit die Eigenart des Unternehmens oder des Betriebs dem entgegensteht. Die §§ 106 bis 110 sind nicht, die §§ 111 bis 113 nur insoweit anzuwenden, als sie den Ausgleich oder die Milderung wirtschaftlicher Nachteile für die Arbeitnehmer infolge von Betriebsänderungen regeln.

(2) Dieses Gesetz findet keine Anwendung auf Religionsgemeinschaften und ihre karitativen und erzieherischen Einrichtungen unbeschadet deren Rechtsform.

Sechster Teil – Straf- und Bußgeldvorschriften

§ 119 Straftaten gegen Betriebsverfassungsorgane und ihre Mitglieder

(1) Mit Freiheitsstrafe bis zu einem Jahr oder mit Geldstrafe wird bestraft, wer

1. eine Wahl des Betriebsrats, der Jugend- und Auszubildendenvertretung, der Bordvertretung, des Seebetriebsrats oder der in § 3 Abs. 1 Nr. 1 oder 2 bezeichneten Vertretungen der Arbeitnehmer behindert oder durch Zufügung oder Androhung von Nachteilen oder durch Gewährung oder Versprechen von Vorteilen beeinflußt,
2. die Tätigkeit des Betriebsrats, des Gesamtbetriebsrats, des Konzernbetriebsrats, der Jugend- und Auszubildendenvertretung, der Gesamt-Jugend- und Auszubildendenvertretung, der Bordvertretung, des Seebetriebsrats, der in § 3 Abs. 1 Nr. 1 oder 2 bezeichneten Vertretungen der Arbeitnehmer, der Einigungsstelle, der in § 76 Abs. 8 bezeichneten tariflichen Schlichtungsstelle, der in § 86 bezeichneten betrieblichen Beschwerdestelle oder des Wirtschaftsausschusses behindert oder stört oder
3. ein Mitglied oder ein Ersatzmitglied des Betriebsrats, des Gesamtbetriebsrats, des Konzernbetriebsrats, der Jugend- und Auszubildendenvertretung, der Gesamt-Jugend- und Auszubildendenvertretung, der Bordvertretung, des Seebetriebsrats, der in § 3 Abs. 1 Nr. 1 oder 2 bezeichneten Vertretungen der Arbeitnehmer, der Einigungsstelle, der in § 76 Abs. 8 bezeichneten Schlichtungsstelle, der in § 86 bezeichneten betrieblichen Beschwerdestelle oder des Wirtschaftsausschusses um seiner Tätigkeit willen benachteiligt oder begünstigt.

(2) Die Tat wird nur auf Antrag des Betriebsrats, des Gesamtbetriebsrats, des Konzernbetriebsrats, der Bordvertretung, des Seebetriebsrats, des Wahlvorstands, des Unternehmers oder einer im Betrieb vertretenen Gewerkschaft verfolgt.

§ 120 Verletzung von Geheimnissen (1) Wer unbefugt ein fremdes Betriebs- oder Geschäftsgeheimnis offenbart, das ihm in seiner Eigenschaft als

1. Mitglied oder Ersatzmitglied des Betriebsrats oder einer der in § 79 Abs. 2 bezeichneten Stellen,
2. Vertreter einer Gewerkschaft oder Arbeitgebervereinigung,

3. Sachverständiger, der vom Betriebsrat nach § 80 Abs. 3 hinzugezogen oder von der Einigungsstelle nach § 109 Satz 3 angehört worden ist, oder
4. Arbeitnehmer, der vom Betriebsrat nach § 107 Abs. 3 Satz 3 oder vom Wirtschaftsausschuß nach § 108 Abs. 2 Satz 2 hinzugezogen worden ist,

bekanntgeworden und das vom Arbeitgeber ausdrücklich als geheimhaltungsbedürftig bezeichnet worden ist, wird mit Freiheitsstrafe bis zu einem Jahr oder mit Geldstrafe bestraft.

(2) Ebenso wird bestraft, wer unbefugt ein fremdes Geheimnis eines Arbeitnehmers, namentlich ein zu dessen persönlichen Lebensbereich gehörendes Geheimnis, offenbart, das ihm in seiner Eigenschaft als Mitglied oder Ersatzmitglied des Betriebsrats oder einer der in § 79 Abs. 2 bezeichneten Stellen bekanntgeworden ist und über das nach den Vorschriften dieses Gesetzes Stillschweigen zu bewahren ist.

(3) Handelt der Täter gegen Entgelt oder in der Absicht, sich oder einen anderen zu bereichern oder einen anderen zu schädigen, so ist die Strafe Freiheitsstrafe bis zu zwei Jahren oder Geldstrafe. Ebenso wird bestraft, wer unbefugt ein fremdes Geheimnis, namentlich ein Betriebs- oder Geschäftsgeheimnis, zu dessen Geheimhaltung er nach den Absätzen 1 oder 2 verpflichtet ist, verwertet.

(4) Die Absätze 1 bis 3 sind auch anzuwenden, wenn der Täter das fremde Geheimnis nach dem Tode des Betroffenen unbefugt offenbart oder verwertet.

(5) Die Tat wird nur auf Antrag des Verletzten verfolgt. Stirbt der Verletzte, so geht das Antragsrecht nach § 77 Abs. 2 des Strafgesetzbuches auf die Angehörigen über, wenn das Geheimnis zum persönlichen Lebensbereich des Verletzten gehört; in anderen Fällen geht es auf die Erben über. Offenbart der Täter das Geheimnis nach dem Tode des Betroffenen, so gilt Satz 2 sinngemäß.

§ 121 Bußgeldvorschriften (1) Ordnungswidrig handelt, wer eine der in § 90 Abs. 1 und Abs. 2 Satz 1, § 92 Abs. 1 Satz 1, § 99 Abs. 1, § 106 Abs. 2, § 108 Abs. 5, § 110 oder § 111 bezeichneten Aufklärungs- oder Auskunftspflichten nicht, wahrheitswidrig, unvollständig oder verspätet erfüllt.

(2) Die Ordnungswidrigkeit kann mit einer Geldbuße bis zu 20 000 Deutsche Mark geahndet werden.

§§ 122–129 *(nicht abgedruckt)*

§ 130 Öffentlicher Dienst Dieses Gesetz findet keine Anwendung auf Verwaltungen und Betriebe des Bundes, der Länder, der Gemeinden und sonstiger Körperschaften, Anstalten und Stiftungen des öffentlichen Rechts.

§§ 131–132 *(nicht abgedruckt)*

Stichwortverzeichnis